한번아프다 , 선택한번

痛一次，选择一次

——写给青春路上屡屡受挫的你

〔韩〕刘树燃　著
黄永哲　孙剑宗　译

中国妇女出版社

23 岁的选择，丑小鸭变天鹅

出版此书的时候，31 岁的我得以重拾二十来岁的记忆。而立之年再版此书，让我有机会再度回首我所走过的路，重温往昔的点点滴滴。撰写这本书，我不会特意地修饰雕琢。从严格意义上说，我写的书既非随笔，也不是个人启示录，只能算是抒发个人情感、自由呼吸的小天地。我每天都专注于自己的事业，十年来很少与外界接触，再加上性格的原因、时间的不充裕、职业的特点，很少有机会与人谈心，只好把我的经历付诸文字，写到纸上。

还记得，这本书是在中秋定的稿。那一年，好不容易有一两个假期，都只能小憩补眠，草草结束了。虽然完成了所有的书稿，但总觉得满满当当的授课日程紧紧地追着我似的。

1994 年以来的事情，是我凭记忆记叙的。2003 年书出版时，还有一些内容没有得到证实。再版时，也没有将它们一一修改，而是添加括号，注释说明。此书为未臻之作，一如我本人的不成熟。

这是一本讲述我人生经历的书，颇为感性，不甚严谨。书中所写的既不是文学，也不是哲学，更不是游记，只是我的故事罢了。

若要问我，23 岁、31 岁、40 岁各有什么不同，我觉得，随着年龄的增长，除了社会阅历有所丰富以外，心理抗压能力也增强了不少。

年轻的时候，我总想千方百计地表现自我，想要告诉全世界“舍我其谁”。而如今，我不再像从前那样冒失轻狂、张扬自己。其中原因自是一言难尽：年纪大了，时代变了，有了社会地位，有了一两个头衔……

说来惭愧，30 多岁的年纪，还写出这样稚气的书。如今，此书又将再版，希望那些二三十岁的年轻人读完之后，有所收获。

锐气难当的二十来岁的年轻人，在压抑的现实世界里孤军奋战，历尽考验。

现在的年轻人想要脱颖而出，绝非易事。值得同情的是，这一代人必须苛求自己，做出牺牲，奋力奔向成功的殿堂。诚然，每个时代的人都要不断拼搏，战胜人生道路上的艰难，不断前行。也许有人会说，前人的艰辛无法与现在相比，但这只不过是毫无意义的个人主观想法罢了。

如今本书再度问世，我想告诉大家的是，不必把我的经历当作某种定式，像我一样挑战自己，走出韩国，走向世界；过去与今天没什么不一样，人们也是这么生活过来的。环视周遭，你不难发现，有些人也苦恼着你的苦恼，过着与你相似的生活；有些人历尽千辛万苦，成为人上人，拥有了不一样的人生。

一部分二十来岁的年轻人追求那种“平凡安逸的小幸福”，不求进取。难道不该有人告诉他们，人生也可以活得如此精彩吗？当今社会，学历高低、英语等级、收入水平成为了评判个人能力的标尺。面对斗志日渐消沉的年轻人，我们应该用行动去告诉他们：其实，你的人生可以更精彩。

人们通常会抱怨自己选择的道路很曲折，并憧憬自己未曾走过的道路。即便如此，我们仍然需要做出选择，并努力走下去。若想不为自己的选择后悔，就得暗示自己：除此之外，我别无选择。选择前要三思，一旦做出决定，就要排除杂念，坚持走下去。

2011年8月

刘树燃

构筑幸福的舞台

写完随笔后，我似乎从来没有回头审视过自己。生活常常使我晕头转向，过去的一年零八个月里更是如此，其中包括爱情、工作、金钱……某些东西一直左右着我，让我在孤独和疲惫中苦苦挣扎。离开韩国时的我，现在站在这里的我……人们也许觉得我变了，但是我始终如一地在为生活奔波。在那不变的地方，希望我和我所爱的人幸福。

我现在只是在构筑创造可以获得幸福的舞台。

从现在开始，我将用幸福的元素装点那个舞台。

我希望广大读者阅读完这本书之后，能够领悟到自己的舞台需要自己去构筑。无论是谁，在二十几岁时都会恐惧和不安。虽然相信自己有实力，可以雄心勃勃地追求精彩的人生，但是所面临的现实却往往平凡得使人气馁。

直面现实吧。不要自我催眠，也不要相信别人的安慰，自己的人生自己负责。如果你坚信自己与众不同，那就证明出来。为此，你需要准备特别的舞台，并做好牺牲的准备。

我离开这片土地，卑微地开始了旅程。

希望大家不要空想，也不必计较得失，就算会输得很狼狈，也要行动起来，现在就出发吧！

2003年1月

刘树燃

译者序

这是一部十分励志的图书，书中讲述了一个韩国女青年不向命运低头、勇于发起挑战的人生经历。

主人公曾经高考落榜，第二年勉强考入一所毫无名气的大学，开始了平凡的大学生活。

在注重学历和大学名气的国度，4 年的大学生活让她对自己的前途感到渺茫，总觉得自己是一个失败者。面对人生的第一次挫折，她意识到不能如此虚度光阴，在 23 岁大学毕业的那年夏天，她做出了自己人生中的第一次重大选择，毅然决定去澳大利亚留学。经过短短 3 个月的语言培训，以优异的成绩考上洛林马丁学院，这让原来倍感失落的她重拾信心。这一次选择为她今后的人生道路指明了方向，彻底改变了她的命运。

25 岁时她学成归来，成为韩国一名英语讲师。然而她总觉得生活过于单调，某种对未来的强烈不安感始终困扰着自己。为了摆脱这种循环反复、原地踏步的生活，她再次选择，开始人生的新旅程——到英国阿斯顿大学攻读硕士学位。取得硕士学位后的她前往美国，任凯悦大酒店的 manager（经理）。

2001 年，她回到韩国，此后的 8 年漫长岁月里在外语学校教授托福和商务课程。她每天都像跑马拉松似的努力工作，获得了“年薪上亿（韩元）的讲师”“三十岁女性崇拜的完美小姐”“明星讲师”等美誉。

这部书中，主人公在前途未卜的情况下毅然选择了出国留学，最终取得成功，但并不主张“出国留学才是唯一的出路”，而是呼吁我们的年轻人“在激情燃烧的青春年华里，不甘为平庸，应敢于挑战命运，做自己人生的主宰者”。

当今社会，就业无疑是年轻人所面临的严峻考验和重大压力，首当其冲的当属即将毕业的大学生。他们每天检索就业信息，奔波于各类双选会，或在各种考研补习班和考公务员培训班排起长龙。在面临人生中的一次重大选择时，他们往往对未来感到迷茫不已，迷失人生的方向。在少年时期，一切都由家人和老师安排，他们只需专注于学业，就像温室里的花朵一样过着安稳无忧的生活。虽然说大学生活是步入社会的“实习期”，但是这些年轻人即将踏入社会的时候还是感到手足无措，显然这个“实习期”给他们带来的经验远远不够。

然而，书中主人公的人生经历告诉我们，暂时的不如意并不代表你是失败者，因为你还年轻！青春最大的优点就是激情洋溢，面临人生的低谷也勇于挑战，善于实践，敢于拼搏！所以，不要因为学历低或学校名不见经传而顾影自怜，在这最美好的青春年华里勇敢做出选择，为自己的人生做一次主吧。只要你在选择之后努力奋斗并提升自我，未来将会属于你的！

译者

YOUR CHOICE

（你的选择）

目录 | Contents

PART 3 绝望中寻找希望

PART 4 未来掌握在自己手中

附录

YOUR CHOICE

PART 1

23岁，直面残酷的现实

YOUR CHOICE

（你的选择）

心中有一颗萌动的种子

我的大学生活平淡无奇。直到大四，都过得浑浑噩噩，平平庸庸。

我也曾有过青春期的彷徨。高考失利后，以不尽如人意的成绩，考进一所名不见经传的大学。在韩国，这样的经历再寻常不过了。

我心里总不能平静，怎么也接受不了这突如其来的惨淡人生。大一的时候，我很迷茫，总想找地方宣泄满腔的愤懑。于是，颓废消沉的我学着橘子汁族[1]，到狎鸥亭[2]漫无目的地闲逛。后来，经同学介绍，我进了某报社，成了一名学生记者。

---

[1] 橘子汁族：浪荡子弟，纨绔子弟。在韩国，这些人的特点是爱喝橘子汁，故称“橘子汁族”。——译者注

[2] 狎鸥亭：是首尔经济、文化、教育的核心地点，也是首尔市其中一个著名购物区。——译者注

我常常以报社的工作为借口，一周只上一两次课。其余的时间就待在家里，无所事事，以睡觉来打发时间。

一年到头，我每天都是一觉睡到下午 5 点，然后，起床看看书。我看书没什么讲究，不管是漫画书还是哲学著作，抓起来就读，一读就通宵达旦。直到太阳出来了，才钻到被子里，再睡上 12 小时。

那时候，我不看电视，也不听电台广播，全然不关心外面的世界。原因有二：一是害怕知道自己落后于人，落后于这个时代；二是不敢去面对这个多我一个不多，少我一个不少的世界。那种无立足之地的悲哀最让我难以忍受。

我已厌倦了这样的我，但又没有勇气挑战新的生活。一无是处的我，就这样庸庸碌碌地度日，转眼到了大四。

在韩国，几乎所有人的人生轨迹都是千篇一律的：做着同样的梦，并以同样的方式活着。同样被洗脑的我，说着和周围人一样的话，穿着和大家一样的衣服。慢慢地，我开始厌倦这样的生活。

我人生中有两个崭新的起点。第一次，在我十八九岁时，在文学的海洋里徜徉肆恣；第二次，就是我 23 岁那年的抉择。

大多数韩国年轻人的经历，都与我相差无几。也就是，十来岁的时候，有很多比学习更重要的事情，有很多彷徨和迷茫。我在这个年纪的时候，也有过许多比学业重要的事。十来岁的时候，我曾怀着同龄人的情愫，过着和同龄人一样的生活，虽然结果狼狈不堪，但我非常珍惜那个时期的一分一秒。

这样的开局不是谁刻意安排的，但它早就把我们余生的轨迹变成了某种定数。有些人，快人一步认清了现实，成了高才生，考上不错的大学。而留给我们后进生的，只有残酷的现实。

据说，约有 3/4 的韩国年轻人都是高考的过客，充当着垫背的角色。这可真是骇人听闻。让人心寒的是，仅仅一次考试，就注定了他们今后要成为社会大流的追随者（follower）。

戴着“差生”“后进生”的镣铐，我丧失了自信，慢慢地接受这样的自己，接受现实，顺应大流，上了一所普普通通的大学……一切都在不知不觉中成为定数。然而，我还有理想，还有追求，只不过把它们藏在心里，没有勇气说出来罢了。

23 岁那年，即将大学毕业的我面对现实，产生了这样的感触——也许大多数人也会感同身受——仅仅一次考试，就决定了我们的大学，决定了我们的工作，让我们从事与自己志向相去甚远的职业……

我是三流大学的毕业生，无一技之长。可我也梦想在大企业上班，过上潇洒的白领生活，也想当银行经纪人、广告策划人。但是现实与梦想是有差距的，我的生活注定单调而平凡。进大企业、银行这样的空想，说出来只会成为别人的笑柄。

在韩国，可供我选择的余地很小很小。我可能会到一家规模不大的贸易公司上班，每天泡泡咖啡，复印资料，然后再找个人嫁掉……不！或许我的人生可以更精彩，或许我的前途可以更光明。但是，要做出这样的改变对23岁的我来说，未免太不切合实际。一切都是可望而不可即的。

在学历至上的韩国社会里，我拿着这样的学历，也有可能会干出一番事业，但这必将消耗大量的时间和精力，难免要碰壁受伤。虽然我觉得为了挣脱束缚自己的桎梏而付出大量的时间有点儿可惜，但更无法接受这般惨淡的现实。

我多么想找个地方，偿清那笔少时不努力而欠下的“读书债”，开始新的生活；我多么想拥有一片天地，让我弥补过去错失的一切。所以，我最终决定离开这片土地。

这多少有点儿逃避现实的意味。但直至今日，那时的觉悟，仍然让我引以为豪。要怎么做呢？我没有具体的打算，只想一年后回国时，一定要收获点儿什么！

一个契机让我铁了心，一定要出国。大四那年，我还是报社的自由撰稿人。某天，我们新闻栏目的主管拉我去参加一个庆功派对。那个派对根本不是什么庆功的场合，更像是女大学生与记者团的联谊，这让我颇不畅快。但也许我也是个人间俗物，想到能和其他记者相处，觉得也算不上一件坏事。

在场有一名傲慢的记者，毕业于名牌大学的俄语专业。我想和他聊聊索尔仁尼琴，可他听到我的问题，一改面色，仿佛在轻蔑地说："你一个普通大学的学生知道什么？"人家无非觉得我是半桶水，瞧不起在无名大学读书的女大学生。这让我怒不可遏又无可奈何。这就是现实——没有什么资本可炫耀，只能忍气吞声地生活。

现在回想起来那一场景，仍然觉得很难堪。不过，多亏了那一刻的尴尬，让我燃起了斗志，让我意识到，不能一味地接受现实。

父母教育我，要与他人和谐相处，要学会与世无争，同时让我面对惨淡的现实。我很久都拿不定主意，不知道是不是要扮演好自己的角色，继续安安分分地活下去。

我认为，与其成为一个公认的大好人、招人算计的对象，还不如做一块棱角分明、无人问津的顽石。若要做一个善良安分的女儿家、名不见经传的大学生、平平庸庸的小市民，我必须正视违背自己意愿的后果，还有对自己梦想的眷恋与悔悟……

那些没能进入一流大学的“其余”的年轻人，请你们学会放低姿态，而不是安慰自己；学会顽强拼搏，而不是妥协退缩；学会耐住寂寞，打拼一番，而不是碌碌无为，安于平凡。这些建议听起来有些不负责任，但是与其按照社会的要求做一个懦弱的人，不如就一走了之，去为自己的未来奋斗。

现在，我要给“其余”的年轻人讲讲那7年我作为“其余”的人的经历。

每个社会都有领袖（leader）和跟班（follower）。但是，你不必非得成为“跟班”，没有必要对谁唯命是从，也不必墨守成规，更不需要相信别人灌输给你的“成功观念”。你没有理由成为社会的傀儡，没有理由成为“其余的人”、临时演员、路人甲，或是路人乙。你所需要的，是一点点不服输的傲气。

读死书是要吃大亏的

由于 23 岁的草率，我在 30 岁之前，几乎都在六国游学。我在澳大利亚做翻译官，在英国读硕士，在美国当酒店经理……30 岁的我，阅历了很多事情之后回到韩国教英语。

我从留学澳大利亚起，开始了所谓的“国际化人生”。我出国的决定有点儿唐突。大四那年的初夏，想到自己不久的将来拿着三流大学的毕业证，从事于实习记者之类的岗位，我感到气愤不已。说实话，我也没有这么活下去的信心。于是我对朋友说，我要离开这片土地。

我确切地记得，1 个月后，我就搭飞机离开了。由于我的一时冲动，家人不得不替我办理休学手续，报社也迫不得已匆匆忙忙地招聘新人。我的行为似乎有些不负责任，可却让我明白了“船到桥头自然直”的道理。也许正是这样的想法，让我破釜沉舟，全力以赴，迎难而上。

考虑得越多，牵绊也就越多。遇事一一掂量，勇气就会消失得无影无踪，你会找各种理由，说服自己安定下来。比如，经济原因、家庭羁绊、人际关系……自己应该比较清楚，其实这些辩解和顾虑大都是没有必要的。你又不是一家之长，只要敢拼敢闯，经济问题有什么好担忧呢?

再说了，一无所有也就无所谓损失。我想劝那些还没有行动的年轻人，赶快行动起来。虽然能理解你们想在对未来有把握后再行动，但是，这世界上，有谁能为你的未来负责呢？如果在韩国，你至今仍一事无成，那就有充分的理由去闯一闯。

身为英语讲师，我接触到的大学生很多，他们大都有留学、海外语言进修的打算。只要他们一开口，说说自己的想法，我就能知道他们到底会不会出国了。割舍不了琐事的同学，最后是出不了国的。相反，不做计划，说干就干的人肯定会出国。

我在各国逗留的时候，见过很多的韩国留学生，他们……说实话，看到他们，让我有点儿不是滋味。

据统计，每年都有 25 万韩国学生留学海外。不用说，其中多数是为了进修外语。

韩国学生真的很认真，而正是那种认真束缚了他们的拳脚。他们翻破好几本语法书，吃透含有两万多个词条的单词宝典，还要掏钱上几个月的英语学习班，之后才踏上留学路。一旦真的开始留学生活时，才发现其实那些“精心周全”的准备都是不切实际的。当他们知道，自己所学的韩国式英语其实与日常用语脱节的时候，就会觉得迷茫，不知所措了。

更可笑的是，他们度过迷茫期后，就会直奔图书馆。试想一下，又不是为了备考，他们竟然上图书馆！学语言的人，在四处贴有“Be Quiet（保持安静）”提示牌的地方埋头看书！他们在外国图书馆里，读着用母语写的语法书。毫无疑问，到头来英语能力一定不会有什么长进。我真不明白，为什么到了国外还硬要死记硬背呢。

一天，我经过图书馆时，遇到了一位学长。他每天学习到天黑才会走出图书馆。想想自己不好好学习，再看看刻苦勤奋的学长，不由得产生了一种负罪感。

看起来学长也想找个语伴，用羡慕的眼光看着我身边的澳大利亚朋友。朋友问他：“How’s it going（你好吗）?”

这位学长犹豫了片刻，居然回答说“Home（回家）”。

之前学长为了出国留学，在韩国时做苦力活儿筹学费，把《词汇 22000》背得滚瓜烂熟。到了澳大利亚，依然是待在图书馆里学习。这样的情形让我想起了韩国的家长们，要是他们看到自己的孩子如此用功学习，一定会很高兴的。可是，在澳大利亚生活了好几个月，却还听不懂“你好吗”这样的寒暄话，不饿死才怪呢。

看着这些只会读死书的留学生，我很生气。而更可气的是把他们驯化出来的韩国教育体制。

哪怕就从现在开始也好，想要出国留学的人们，千万不要死背《词汇 22000》这样的书。还有那些为了语言研修到留学机构报名的人，不要再花冤枉钱了。还有一点，出国准备的时间不要超过 1 个月。就算是签证最难批下来的美国，也只要两个星期就足够了。

说到留学机构，我想起了一件事。有一次，我认识的一位在留学机构上班的姐姐说，他们一连几天都无法受理业务，原因是，这家留学机构有要紧的事，需要向新西兰方面打一个电话，可是负责英语的职员正好去度假了，没有人能接替她的工作。我一到那里，社长和全体员工都很高兴地聚集过来，使得我们彼此都很尴尬。于是我马上抓起了电话，但是我说的话只有两句：

“Hello, this is … agency in Korea. Is there anybody who can speak in Korean?（你好，这里是韩国留学机构，你们有谁能说韩语？）”

然后，那边就让韩国职员接了电话。那一天，多亏了这两句话，留学机构的业务才得以顺利进行。午餐时，我还厚脸皮地接受了他们的款待。

近来，韩国留学生越来越抢手。各国都大力宣传，争抢韩国生源，甚至各大院校都会指派专人，专门负责韩国留学生的事务。我不知道这是不是一件好事。

如果一开始没有独自完成一切的勇气，那留学问题就相当地令人担忧了。以英语不好为借口，而不亲自去准备材料，这说明你连尝试都不愿意。那么，你还能在遥远的国度生存下去吗？除了语言的障碍，还得自己克服客居他乡的孤独寂寞。如果老是借口说“陌生”“不知道怎么办”，而总想用钱来解决问题，那么不用想也知道今后的留学生活会是什么样子。

我一个人刚到澳大利亚的时候，就连星期几都不会用英语表达。尤其是星期二和星期四，很长时间都会混淆。当时，我没有什么语言基础，也没带什么语法书。但是，没有用韩国式的方法学英语，反而帮了我大忙。对我来说，英语就是一种“语言”，是生存的基本手段。

接下来，我要给大家说说我的故事，说说原来一提英语就色变的我，考大学时英语只考 10 分的我，是如何在短短 3 个月的语言培训后考进澳大利亚大学的。

我的人生
我做主

我不是个勤奋的人，生来就不愿意踏踏实实地用功读书。就是这样的我，偏偏出国留学了。不，我这算不上是“留学”。准确地说，我只是来进修英语的。但既然来了，就必须考虑应该如何生存下去。

高考的挫败，大学生活的空虚，报社工作的郁闷，这些都使我的人生观改变了很多。其实，这也是一种自我保护。

我不希望别人看到我用功的样子。说实话，我也没有老老实实地坐到书桌前看过书。我希望，我在别人眼里是个爱玩的人，我确实也很贪玩。可是，我不想再成为学习上的失败者，更不希望自己再继续狼狈下去。

别看我在澳大利亚“吊儿郎当”地学英语，可我还有未实现的梦想。所以，我按照自己的方式，努力地生活着，最终获得成功。这不是因为我智商有多高，运气有多好，而只能说是得益于我的性格。

我善于交友，所以我的人缘很好。说出来，你也许会笑话我。那时，我特别注重穿衣打扮，把自己打扮成很韩很潮的“韩国女生”。因此，在语言培训课上，我有很多搭档，也认识了很多澳大利亚男友（是 male friend［男性朋友］，不是 boyfriend［男朋友］）。

语言培训课从 9 点开始，到下午 3 点半才结束。课程十分无聊，跟幼儿园的水平差不多。我也没想过要努力学习，要继续上 Advanced Class（高级班），因为想必高级班的水平也差不多。

培训班里，除了老师其余的都是亚洲人。其中韩国人很多，所以上语言培训课，除了能排解思乡之苦之外，就没别的好处了。上过培训课的人，都会觉得这样的学习对英语水平的提高没什么帮助。课上，得过且过，课后，同韩国学生（澳大利亚语言学校里，1/3 是韩国人）一起聊聊天，逛逛街。到了四五点的时候，再和语伴聊上两小时。二者的不同点在于，在培训班时只跟韩国人在一起，而在市区时就与澳大利亚人练口语。颇有讽刺意味的是，上培训课不再是为了学习英语，而是为了加深与韩国朋友或亚裔同学之间的情谊。

到了晚上 7 点，我要么到另一家咖啡厅与其他的语伴见面，要么参加澳大利亚朋友的聚会。回到住处后看看影碟，一部电影至少看两周，边看边做听写。看完电影，还要准备第二天要和语伴谈论的话题，查找单词，直到凌晨三四点才入睡。

所谓的语伴，就是澳大利亚大学生和韩国学生结对子，定期见面，你教我英语，我教你韩语，有点儿像私人家教。也许有人会问，澳大利亚人会学韩语吗？澳大利亚的贸易对象大部分是亚洲国家，所以很多大学把亚洲多国语言定为正式科目或必修科目。因此，也有很多澳大利亚学生迫切地想找个语伴。

但是，出国学习外语的亚洲学生人数太多了，并不是所有人都能找到语伴，而且大部分澳大利亚人都想找日本女生当语伴，原因不用我说，你也知道吧。在那种情况下，我还有 9 个语伴，让周围的同学羡慕不已。

开始的时候，我和语伴交流起来非常吃力。前面也说过，我的英语水平很低，就只认识 ABCD。所以与语伴见面时，有时带着韩国朋友做翻译。交流时，得写写画画，手脚并用。两个星期之后，简单的交流就没那么困难了。

人们常用“耳朵开窍”来形容外语听力水平得到提高，基本能够听懂对方的语义。我的“耳朵开窍”大概用了一个半月的时间。其间，我所做的不过是天天看电影光盘而已。也可以说，我的英语是通过看电影和闲聊学到的。拼写错误，这是我当时最大的劣势（当然，我在澳大利亚看的都是不带字幕的影碟）。

我在澳大利亚待了一年零两个月，回国后，就开始上课教英文。一开始，班上的大多数学生都有出国进修语言的经历。我听了，心里几分欣喜几分愁。

根据 2001 年韩国教育部的统计显示，留学美国的韩国学生有 5.8 万余人，留学加拿大的有 2.2 万余人，在世界各国进修语言的韩国留学生多达 15 万人。人数之多，让人为之震惊。

那他们和我有什么区别呢？他们要么毕业于名牌大学，要么是英语专业出身，要么已有多年的留学经历，可为什么他们坐在讲台下，而我却站在讲台上呢？原因只有一个：他们按照韩国的方式在国外学习，而我则我行我素，按照自己的方式生活。

他们不与外国人接触，把自己封闭在教室、图书馆里学习，而我和澳大利亚朋友边玩边学，努力融入到澳大利亚的社会中。这就是我们之间最大的不同之处。

变身为 “英语达人”

我身上有股傲气。要是遇到伤自尊的事，绝不会像那些性格温和的人一样忍气吞声，就那么算了。周围人也许会很惊讶，不相信我会有这样的一面。

大家都认为我性格好，到了哪个国家都可以生存。可他们不知道的是我居然会这么小心眼！也许大家都觉得我的性格很好，但在我自己看来并非如此。因为，我并不像宽以待人那样宽以待己。

自尊心一旦受到伤害，绝不会善罢甘休。这样的性格让我在澳大利亚收获了不少东西。

我常常参加澳大利亚朋友的聚会，也常常受到冷落。他们虽然照顾我，我的英语能力也提高了很多，但我毕竟是个“外国人”，在他们交谈时，我根本插不上半句话。某一天，我正愁无聊，没事可做，有个朋友找我聊天。我对他说：“I' m boring.（我正感厌倦。）”朋友捧腹大笑着，说道：“是啊，你都沸腾了，咕嘟咕嘟直沸腾。”他八成是听成了“boiling（沸腾）”了。

从那以后，我再也没犯过同样的错误——人称主语时，表达情感的动词后加 -ing（现在进行时）（正确用法是人称主语时，表达情感的动词后加 -ed［过去时］）。

“I' m bored!（我感到很厌倦！）”

有一天，一个刚到澳大利亚不到两个礼拜的女生看上去很郁闷。当时，我也刚到澳大利亚不久，看到她我就有种同病相怜的感觉，很想帮帮她。后来得知，她的房东对她很过分，简直就是人种歧视和虐待。可是，她英语不好，即使想退房也不知道该怎么说，所以只能一直忍着。

我感觉自己特仗义，听到这里，我一冲动就托前辈给她找好了房子。她却说，不敢一个人去收拾行李搬出去。其实，我也刚到澳大利亚才 1 个月，我的英语也好不到哪儿去，所以那时候，我整天到处乱逛，收集了许多吵架时能派上用场的句子。

“How can you be so rude?（你怎么这么粗鲁？）”

“We’ve paid for everything already. You don’t have anything to say!(我们已付所有费用，你无理由再啰唆什么！)”

“Damn! What the hell are you talking about（混蛋！放你娘的狗屁）!”

一天下来，学了不少骂人的话，有的比这些更难听。通过这件事，我知道多吵架也能学好英语。吵架时，若想要占上风，唇枪舌剑是少不了的，语言应用能力也会得到增强。所以，我有个朋友有事没事就爱打消费者热线，每周投诉那么一两次。当然，他这么做，就是为了进行“实战训练”。

前面也提到，我的性格中有极为难缠的一面。我是典型的 AB 型血，喜欢做白日梦，又很现实，很敏感，也会犯傻。对我来说，与人交往是某种应酬，我很少能享受其中。该做的事情一定要做好，有工作狂和完美主义者的倾向。即使厌烦了，也不会表露出来，因此别人无法知道我的想法。个性如此鲜明的我，很难每天长时间与人相处。此外，我动不动就会紧张，连和陌生人吃顿饭都不是件容易的事。但是，在澳大利亚认识我的人都说我的性格很好。

因为我的性格开朗，我仅用 3 个月就完成了语言培训的课程，所以写着写着，就扯到了性格上。每当有人问我：“怎么才能把英语学好呢？”我就会果断地回答：“首先改变一下自己的性格吧。”

换而言之，想学好英语，首先要积极主动，要主动张嘴跟人交流并引导对话，就算觉得自己脸皮厚也无妨。你的积极性反而让人更舒坦，让你很快交到新朋友。

其次，自我管理也很重要。每天看看报，准备一些有趣的段子，丰富自己的谈资。要是擅长舞蹈，或是注重穿衣打扮就更好了。这样的人可以引起别人的注意，有更多机会与人交谈，也会交到更多朋友。

最后，要学会打开话匣子，多说话。想说的话多了，语言水平自然就会提升。不要因英语基础不好，就总把想说的话憋在心里。也许这就是女生学外语比男生快的原因吧。

韩国有句俗话，“口渴的人就要掘井”。想要说明一个句子，就要用多种不同的方式去诠释它，最后总能让别人听懂。通常，想要澳大利亚朋友听懂这句俗语，我要反复地解释，要听到好几十遍的“It does not make sense.（听不懂你）”。

语言进修，打破这一美好的幻想

将近8年的时间里，我四处漂泊，完成学业后回到韩国。每当知道周围有很多人想出国留学，我都吃惊不已。久违的朋友聚到一起，一说到英语就没完没了，我却无话可说——亏我还在国外学了英语，在著名的培训学校里当英语讲师。

大多数人一心想出国进修，却没有目标，也没有具体的时间安排。我听了心里很不是滋味，哪还能畅快地说点儿什么呢？尤其是有的人觉得，就业很困难，先出国看看吧。这种为了逃避而留学的人，成功的概率几乎为零。

据说，韩国一年有数十万的留学大军涌向海外学习外语。

然而，不是所有人留学归来都能学好英语。所以现在留洋进修，也算不上什么了不起的事情了。

我个人认为，过早留学不可取。近几年，有些初、高中生，甚至小学生都要出国留学。我建议大家，尽可能在国内多积累一些社会经验，对自己有充分的认识后再出国留学。

我 23 岁就出国了。我认为，那时我对韩国人的概念已经有了足够的认识，熟悉本国文化，打过工，参加过社会实践，才有能力在国外顺利完成学业。如果没有这样的底子，我不可能在国外仅经历短期语言培训后，就获得进入大学的资格。

某天，我遇到从前的朋友。她也像现在的国内年轻人一样，为要不要出国而犯愁。她想学好英语，家里却没有经济能力供她出国，但她并没有因此而放弃她的想法，她觉得有必要出国进修英语。在她看来，只要出了国，就能学会一口流利的英语，想说什么就说什么。请大家别再幻想着语言进修能改变什么。大家也好好想想吧。美国人不会上英语培训班。他们的母语就是英语，用不着培训。课上，英语好的人莫过于老师了，其他都是不会英语的亚洲人。那为什么还要花大价钱出国学习呢?

那天是一个星期天。早上 8 点左右，我在钟路[3]的一家

[3] 钟路：位于汉城市中心的北部。——译者注

快餐店遇到了她。这个时候，出来吃早餐的都是外国人。这不正是很好的机会吗？我们只要挑选其中的一位就可以了。我们选了其中一位长得最帅气的、比较容易亲近的小伙子搭话。

“Do you mind if we sit here?（我们可以坐这里吗？）”

他爽快地答应了。于是我们坐到他那一桌，一边喝着咖啡，一边兴高采烈地和这位加拿大青年侃大山。与他道别后，我们鼓起勇气向仁寺洞走去。也许是第一次到仁寺洞，有点儿不知所措。我们从仁寺洞主干道走到韩屋旅馆村，也许是到了午饭时间，附近不时能见到一两个外国人。我心想来对地方了！

我们跟着他们走进一间小茶馆。茶馆虽小，却有一个不错的院子，古香氤氲。这正是我们想找的地方。一个中年人独坐在院子里，自称是搞雕塑的。虽然在聊天的过程中，他蹦出了一连串的专业术语，这对朋友来说有些难，可我们还是度过了一段非常愉快的时光。中年人说，除了韩国，他还到过日本、泰国、印度……其间他回国，办完展览后，又来到韩国。

我们走出茶馆时，天已经黑了。我们用汉堡包充饥后，又向梨泰院[4]进发了。我们走进一家颇具规模的酒吧，那里，

---

[4] 梨泰院：位于韩国首尔龙山区南山东麓，是一处购物和观光的胜地。——译者注

一半是外国人，一半是韩国人。

梨泰院的酒吧大部分都配有台球桌。我们点了杯啤酒，拎着酒杯在台球桌旁转悠。仔细观察后，我们发现，人们纷纷在角落的小黑板上留下自己的名字。我们也跟着大家，在黑板上签下自己的名字。

不一会儿，有个中年人来邀我打落袋式台球[5]。落袋式台球是我的至爱，于是我就爽快地应战了。比赛形式为男女混合赛，赢的人可以继续晋级。我的搭档是个二十出头的韩国侨胞。他一点儿韩语也不会说，而且说话还有点儿肉麻。

我们和那个侨胞，还有外国朋友一起喝酒、打桌球，直到 10 点才离开酒吧。我们在考虑要不要打道回府，最后一致认为，反正天都晚了，再练一下英语吧。于是我们又上市场去了。当然，心里也会有点儿害怕。街上到处都是又小又破旧的夜总会，我们随便走进一家，里面见不到一个韩国人。

最让我们满意的是，那里可以不点下酒菜，也没有最低消费。我们点了两杯 500CC 的啤酒，先打探一下周围的情况。人们都忘情地跳着土里土气的舞蹈，自娱自乐。突然，一首乡村音乐响起，大家不约而同地围成了圈。我们也不知不觉地参与到其中。舞蹈动作很简单：蹲下、起来、转圈、再蹲

---

[5] 落袋式台球（pocket ball）：台球的一种打法。——译者注

下、再起来……旁边的一个姑娘还跟我朋友随意地搭起话来。我们问了舞蹈的来由，周围的人就你一言我一句，给我们上了半个小时的美国传统舞蹈课。那一刻，我们仿佛置身于美国——毕竟周围一个韩国人都没有。

那天，我们跑来跑去，花了不少工夫，不过也很有意思。不管怎么说，我们一整天都沉浸在英语环境中。之后，我的朋友决定不去英语国家进修英语了，她开始为留学日本做准备。

如果读完这段文字，你也想去仁寺洞、梨泰院，那么，首先请准备一些聊天的话题——最少 5 个。然后，准备一些与主题相关的词汇。如果像坏掉的收录机一样，总是重复同一个话题，语速是有所提高，但交谈就变得没什么意思了。此时，就请你换个话题试试吧。出门的时候，要带上韩英词典，而不要带英韩词典。如果有听不懂的单词，最好请外国朋友给你解释一下，直到你完全明白为止。

说白了，我这人不怕羞，不知道什么时候该张扬，什么时候该低调。我想告诉大家的是，想学好英语，就不要扭扭捏捏的。学会厚着脸皮！我本来英语就不好，如果再怕羞不敢开口，那到国外生活，肯定也会像半个哑巴一样，张不开嘴。哑巴怎么可能学好外语啊！请记住，就算丢人，也要积极主动地跟别人交流。你多说一句，就能多学到一句。

远离韩国的“小集体意识”

这是在韩国发生的事。有一次，我们租了一家小咖啡厅，张罗着和朋友们聚会。那家咖啡馆是大学生们为了慈善筹款开的，花销并不很大。由于我常常在国外，很少有机会和国内的朋友见面，所以希望能和大家聚一聚。以这种形式和大家相聚，既节约时间，又经济划算。

每个国家的年轻人，都常常会举办这样的聚会。唯一不同的是，外国青年们的聚会多在家里举行，而且也不是我们想象的那种奢华的聚会。外国青年大多上了大学后就会离开家，与朋友合租房子，独立生活。他们通常 3 个人一起合租。

与朋友自由自在地生活在一起，自然也少不了聚会。对他们来说，“家”是一个贴心自在的小窝。

然而，韩国的年轻人没有自己的空间。他们在最需要自由的年纪，却和父母生活在一起，怎么会自在呢？和其他国家的年轻人不一样，他们直到结婚成家前，都不会有自己的天地。这真令人同情。

外国年轻人离开父母独立生活后，树立了独立意识，培养了责任心。不在父母身边，反而会越发珍惜父母。他们的父母不会像韩国父母一样无时无刻体恤关怀他们，但他们有朋友相伴。与朋友们生活在一起，难免会因为芝麻大的事儿发生碰撞。这么一来，他们也就学会了如何与人相处，比起韩国的年轻人，他们也的确更懂得照顾人。我个人认为，孩子长大了，与其恪守老传统和父母生活在一起，争吵不断，烦恼不绝，还不如独立生活，学会与父母相互尊重，相互信任，相互牵挂。

这种说法不是没有根据的。很多韩国年轻人因为就业困难，就不找工作，因此总是伸手向年迈的父母要钱花。我觉得，这不能全怪年轻人。我们一直被灌输了这样的思想：即使长大成人，结婚生子，也不能离开父母。韩国的教育给我们洗了脑，教育我们只需要与父母保持亲近的关系，只需要听从家长的话，所有问题就都能迎刃而解。这一切不正是教育培育出来的恶果吗？

言归正传，我们再回来谈谈聚会的事。那一次聚会，从中学同学到大学同学，有40多个人参加，但并不像我想象中的那样有意思。

在国外也有很多这样的聚会，互不相识的人聚到一起，共同度过一段愉快的时光。你有可能都不知道谁才是聚会的主人，大家都积极地结交朋友，一会儿到这桌，一会儿到那桌，非常随和，像老朋友一样聊聊天，喝喝酒。一次聚会下来，人脉变广了，自己也有所收获，有所长进。

可是这在韩国是行不通的。只有等主人做了介绍，大家才会打开话匣子，但彼此间不会有进一步的发展。大家都只是与熟识的人聚成一堆，这使我几乎成了聚会主持人。我在人群里不断穿梭，忙得焦头烂额。真为朋友们感到惋惜，他们没能抓住这样的好机会，多结识一些新朋友，这也让我再次深刻地体会到韩国“小集体意识”的坏处。

如何
成为英语达人

我从澳大利亚回到韩国讲课，人们见到我就问英语要怎么学。

有人说，在韩国中小学都开设英语课程，但都是应试教育，学生学不到地道实用的英语。这正是学英语的大忌。大家都认为，想学好英语，首先要待在书桌前，认认真真地制订学习计划，选购权威的语法书，买练习册，上培训班……买回来的书，大多只碰过第一章，看了又看，反复地看。当看到上回或是以前停下来的部分，就又开始垂头丧气地想要放弃。

恐怕这些人过了几个月，就又重新下决心，制订相同的计划，又打开那本书的第一章。

我想问问他们："你也是这样学母语的吗？"

我们常常一想到现在完成时和虚拟语气，就对英语望而却步。如果想正确使用虚拟语气，说一口地道的英语，至少需要在海外留学 1 年。所以，请不要再啃什么语法书、单词本，也别趴在书桌前埋头读死书了。

就像没学会隐喻法和成语的小学生，他们照样可以把母语说得很流畅，我们学英语的时候，也不必攻破所有的语法。不是所有学英语的人都需要学高级的词汇、语法。不要因为有不会的单词，就不张嘴说话。高级的英语，其实离我们普通人十分遥远。

你要做的是，先张嘴说，再查阅语法。"原来他们用这个语法说的呀！"你需要的正是这样的感觉。要是在语法书上看到陌生的语法，就请你果断地把书合上。要不然，学英语就无异于读死书了。

总之，学英语不是读死书。我个人就是一个实实在在的例子。以前英语成绩那么差的我，现在不是成了英语达人吗？换而言之，学英语要通过五感（视觉、听觉、嗅觉、味觉、触觉），这样才能使语言变成属于自己的知识。为什么生活在国外的人不管是学习、做生意，还是做别的，都能把英语学好？原因很简单，他们只是为了生存！英语就是他们生存的手段。

我认识一个朋友，他在国外的一个社区里打工，在相当短的时间里，他就把英语说得很溜。下面，来说说这位朋友的故事。

刚开始打工生活的时候，他就跟半个哑巴差不多，听不懂客人说什么，也不知道怎么回答。后来，他渐渐担心会被炒鱿鱼。他正准备考大学，若丢了工作，就身无分文了，因此，绝对不能失去这份工作。想了很久之后，他便开始每天晚上租来影碟，看看大致的故事情节，记下影片内容，然后活用到与客人的对话中。

现在，他写起英语作文来得心应手，令人惊讶，口语就更不用说了。英语对于这位朋友而言，无非是一种生存的手段。要是他也像其他留学生那样一股脑儿地钻进图书馆，两个月能熟练使用一门语言吗？

接下来，再举一个反面的例子。

有一个学生在韩国的时候，把《词汇 22000》看了 5 遍，到了澳大利亚，词汇量反而下降了。这让他很郁闷。请你好好算一算，在日常生活中我们所需的词汇量，会有 2.2 万个那么多吗？

请你拿出稿纸，把知道的单词一一写下来。你会惊奇地发现，你真正用得到的单词，也许都不到200个。

那么，英语要从何学起呢？要通过什么方式去牢记英语？最重要的是离开书桌，走进生活，让自己“浸泡”在英语环境中。说实话，从来没有离开过韩国的人，无法切身体会到“英语是生存的手段”这句话的含义。换句话说，不身处海外，就无法产生“急需英语”这一生存工具的危机意识和迫切感。

如今，英语也成了一种竞争力，直接与就业挂钩。从这一点来看，现在在韩国，英语也可以说是某种生存手段。英语，成了很多毕业生、白领们的生活中挥之不去的痛。我觉得，这是因为他们没能保持足够的紧迫感——类似于留洋生活的紧迫感。我并不是提倡大家都到国外去。如果没有出国的机会，那就请你竭尽全力，营造出一个学习英语的环境。同时，必须让自己保持紧迫感。

每天应该怎样安排，才能在国内提升自己的英语实力？应该怎么做才能时刻保持学英语的激情？

请从你的房间开始吧。找来5张月历大小的纸，每张纸上写下10个单词，然后贴到墙上，保留一个星期左右。尽可能用各种各样的颜色书写，以便调动各种感官，帮助记忆。

红色、蓝色、黄色……用你喜欢的各种颜色，增强视觉效果。死记硬背是行不通的，要多看，一边看一边大声地读出来，充分调动视觉与听觉。一周过后，就把纸张撕下来扔掉。想到一周后就要扔掉，你就会更用心、更容易地把单词记下来。

我常常劝大家，看书要做笔记，写得越花越好。色彩丰富的笔记，是给大脑传递信息的好介质，有助于记忆。有人看过的书，还是干干净净的，这在我看来很难以置信。实际情况因人而异，但是，书若不是需要好好收藏的传家宝，那不就应该好好消化里面的知识，把它变成自己的东西，记到脑子里吗？

像这样，坚持每周换 50 个单词。这样下来，也许 100 个单词中连 5 个也背不下来。但是不久你会发现，电视电影里的一些单词，听着似曾相识，把它记下来后，翻字典一看，原来是以前贴在墙上的那一个（如此查阅一两次字典，那个单词就可以牢牢记在脑海里了）。所以，看电视时，要准备好笔和纸，千万不要再拿着《韩英字典》或《英韩字典》，而电子词典更是有百害而无一益。

充分调动五感的英语学习法，就是要做到“眼到，耳到，手到”，然后再查字典，记进脑子里。

像游泳和骑自行车一样，我们全身心体会到的东西，过再久的时间也不会被遗忘。英语也无不例外。

《风月俏佳人》一周我要看 10 遍

如果不出国，留在韩国学英语，就意味着要承受更多的压力。在韩国，没有人不学英语，也没有人不为英语烦恼。为什么在韩国大家都拿英语相互竞争、相互攀比？这让我很郁闷。

在韩国，只要是英语学得有模有样的人都喜欢毫不留情面地评头论足，或说别人发音不好，或说别人语法不对……大家如此这般挑剔别人，让人难堪。如果这时恰遇外国人经过，就没了底气。“要是丢人现眼怎么办？外国人背后评价我的英语水平怎么办？”

在韩国，普遍学的是CNN（美国有线新闻广播电视公司）的发音。我的发音不标准，可我就是操着这么一口韩式英语，在英国读研究生，在美国上班，在韩国混饭吃。

虽然我是韩国屈指可数的明星讲师，但我的会话教程比别人起步要晚。本来是可以早些开始的，可是我没有那么做。原因就是“我害怕”。作为英语讲师的我也会有退却的时候，更何况是一般人了。别人让你说一句英语就紧张，在意别人的眼色和评价，这是可以理解的。希望大家都不要那么苛刻要求对方，有必要为了英语这门外语伤了彼此的和气吗？

大家都认为，要想学好英语，就要多看看外国电影。但是，如果看电影不得其法，也可能会成为英语学习的障碍。要是不了解《老友记（friendship）》中有趣的内容，肯定会觉得无聊，没什么好看的。所以，我建议大家，看电影就一定要看自己熟悉的电影。如果是知道的剧情，就能听个半懂。千万不要勉强自己，去看陌生的AFKN（驻韩美军通信网简称）。一开始学英语，就想看新闻、小说、CNN等，未免太急于求成了。

在我给自己挑选的影片中，有一部叫《风雪俏佳人》。这部电影，我一周看了10遍。之所以选这部电影，是因为我有灰姑娘情结。所以看电影时，我会选一些自己所喜欢的，不容易厌倦的电影。尽管知道剧情，一开始的那两遍还是几乎没听懂，只是因为男主角理查·基尔，才饶有趣味地看下去。看到第三遍，才开始听懂像“How are you（你好）”这样简单的句子，难词生词还是没听出来。

这时，我体会到，就算听懂了影片的内容，没见过的单词还是听不出来。所以，我决定边看边做听写。尽管不知道拼写得对不对，也先记下来，一边写一边动嘴读，觉得不符合语境的话，就用发音相似的单词替换，一直到语义符合情境为止，然后再大声地把它们读出来。

不论是在澳大利亚，还是在韩国，这种方法都很奏效。所以，就算你身在韩国，也可以为自己营造一个学习英语的好环境。对英语充满热情的我，给大家介绍更多能够营造语言学习氛围的方法，比如：可以与同校的外国交换生、英语培训班的外教练习口语，也可以在周日上午去钟路、去外国游客聚集的仁寺洞、去外国人聚居的梨泰院……找外国人练习口语。

有的人会说：“在韩国，学英语学不精，怎么努力也赶不上海归派。”说得就好像出趟国回来，就可以滔滔不绝地讲英语似的。若真的出了国，却又说：“没有外国朋友怎么学？”

正如前面提到的，人们都认为去国外学习就可以提高英语。然而在国外，语言学校的学员不是来自亚洲，就是来自别的非英语国家。你想呀，当地人会去参加英语培训吗？

所以，有的同学语调很奇怪，语法比我们更糟糕。特别是印度尼西亚人的发音，简直超出了一般人的想象。

事实就是这样，留学生活从一开始就与设想中的相去甚远。就算运气好，与当地人成了朋友，也会为乡愁所苦。所以，韩国学生会聚在一起，一块出门、一块行动。最后的结果就会变成这样：

“啊，和待在韩国没什么区别。在国内上培训班还更实惠呢……”

据我所知，进修英语回国的学生，有七成都会有这样的感慨。

在韩国，轻松征服英语

在此，我再强调一次，去留洋进修，英语水平也不见得会有什么改观，不要再抱着这样的幻想了。

设想一下，你现在身处美国。下午 3 点，英语课上唯一的美国老师，上课到教室转转，一下课就走人了。课后，你和亚裔同学满街闲逛，这样你觉得会有外国人来跟你们搭讪吗？

想想韩国国内的情况，你就知道了。我们走在街上，见到菲律宾人、孟加拉人，你会主动搭话示好吗？至今，我还没见过这样的人。同理可证，虽然不想承认，但是我们在美国人眼里，就像原始人一样：小个子，黄皮肤，连话都说不好。

也许有人会质问："是谁说我们是原始人的？"不愿承认也只是我们自己的想法罢了。就算伤自尊，但事实确实如此，我们也无可奈何。

但是说"只要去留学，就可以成天和外国人待在一起，可以只看 CNN 和《TIMES》（泰晤士报）"，这简直是痴人说梦。在韩国国内，有父母在身边，饭来张口，有零用钱花，时间充裕，也没有闲心看那么难的新闻。到了异国他乡，独自待在房间的角落里，就能看得下去吗？即便是有亲切的韩国老师在身旁指导，那样的报纸也很有难度。要想自己一个人读透它，简直是天方夜谭。

越是得不到，就越是想要。这是人之常情。在海外时，能够做到整天不与韩国人泡在一起，不花大价钱去租韩国的光盘排解乡愁，就很不错了。

我不是要大家马上去买份《Korea Times（韩国时报）》学英语。为什么在韩国，大家都认为学英语，要读就读《Korea Times》，要看就看 CNN 的节目呢？于是乎，英语成了大家终身的遗憾、永远越不过的坎儿。看到他们，我真是心酸不已。我们的民族是一个有志气、有毅力、有韧性的民族，但竟然会有这样愚昧的想法。带着这样的想法，英语水平怎么会提高呢?

与其翻看难度很大的新闻报纸，还不如去书店。挑一些薄薄的小说，最好先选用母语出版过的、自己读过的书，也可以看看刊有自己崇拜的明星的电影杂志。女生还可以读读高中时看过的青春小说。

我还想向大家推荐英语童话书，最好是附赠两三盒磁带[6]的那一种。搭地铁、公车的时候，可以播放来听听，这对提高口语很有帮助。大家可别小瞧了英语童话书，如果把20本童话书背个滚瓜烂熟，用英语吵起架来也不会吃亏。也千万别认为英语童话书太小儿科，我们难懂的俚语大多都来自于babytalk（童话）。现在，我观看《辛普森一家》[7]的时候，还会有听不懂的地方。

开始的时候，我用的语法书是澳大利亚幼儿园小朋友用的教材（当时，寄宿家庭的阿姨说，那是幼儿园小朋友看的书。现在看来，我觉得它不是幼儿园的教材，而是给外国人用的书）。那本书的书名是《实用英语语法》（English

---

[6] 本书于2003年出版，当时磁带比较盛行。读者可以根据实际情况，选购附赠听力资料或提供听力资料下载的书籍。——译者注

[7]《辛普森一家》：《The Simpsons》，美国福克斯广播公司的一部动画情景喜剧。——译者注

Grammar in Use），书里图画比文字还要多。然而那本幼儿园教材对曾经一蹶不振的我来说，就像是救世主一样。那本书我买了 3 次，又扔了 3 次。此外，我就没看过其他语法书了。

在韩国征服英语

1. 每天至少拿出 3 小时，这段时间里不要说母语。
2. 韩国有韩剧，美国也有美剧。一集美剧，要在 3 天之内看 10 遍以上。
3. 要看外文原版的语法书。一本书，两个月内至少看 3 遍。
4. 星期天早上，到仁寺洞、钟路，“逮”个外国人练口语。
5. 每周背一本英文童话书。

YOUR CHOICE

PART2

胜负，三个月见分晓

YOUR CHOICE

（你的选择）

为了生存而学英语

在澳大利亚，我的日程大致如下：

早上 9 点起床，喝一碗麦片粥，再吃一片面包，然后上学。从宿舍到学校只需要 5 分钟。日益变懒的我好像慢慢成为了“lazy ozi people（懒惰的澳洲人）” (ozi 是澳大利亚的简称。正确的写法是 Aussie，按照发音也写为 ozi)。上午的课程结束后，大家会结伴去食堂吃饭。吃完饭，和朋友畅谈国际话题，一天中只有这个时候才讲韩语。

下午三点半，学校课程结束后，就是我的私人时间了。我会在学校与一个语伴聊一两个小时。到了晚上 6 点左右，会与另外一名澳大利亚朋友在市里看看电影或是一起吃饭。

9点，开始在家看“Pretty Woman（漂亮女人）”，看厌了就开始进行听写练习。

11点，反反复复地翻看一本叫“English Grammar in Use（《实用英语语法》）”的语法书。这就是我前3个月的日程表，为了学英语而度过的一天又一天……

前面也曾提起过，为了能够更好地跟语伴进行沟通交流，我不仅会提前准备好当天要聊的话题，而且还会搜索一些相关的单词。试想一下，如果不做丝毫的准备，哪个朋友愿意听你那结结巴巴而又枯燥乏味的话呢。

每个人只要提及自己的专业或是自己从事的工作，就会格外的能言善辩，那是因为自己对那个领域很熟悉。英语也一样。对自己所熟悉或以前聊过的话题，肯定会说得自然流畅。因此，熟悉的话题越多，就越容易说出一口地道的英语。每次跟澳大利亚朋友见面之前，我都会定好所要谈的话题。

例如要以“结婚”为主题的话，那我就会提前搜索一些关于结婚的单词，用一晚上的时间准备能够展开话题的句子。每天我通常会见两个澳大利亚朋友，由于跟他们谈论的都是同样的话题，有时也会觉得无聊，但英语水平确实提高了很多。

我一般会围绕着主题，以询问的方式展开对话，因为我觉得这样可以给对方带来优越感，能进行更长时间的交谈。但这种方法并不是对所有的伙伴都行得通，具体情况要根据对方的性格和特性来决定。开始的时候，可以谈论一些比较敏感的话题，韩日关系、男女之间的文化差异等，或者是一些关于同居、离婚等大家都比较熟悉的话题。

我每天见两个语伴。就这样，3 个月的时间悄然而过，我现在的口语能力就是通过那 3 个月的语言交流，才得以提升的。但从那之后，好像再也没有明显的提高。

9 名语伴，看起来是有点儿多。其中 7 名在 Giffth University（格里菲斯大学）辅修韩国语，一名在 Queens University（昆士兰大学），也是辅修韩国语，剩下的一名是我在晚会上认识的，也是我最好的澳大利亚朋友……

有一次，谈日韩关系时，我在爱国心的驱使下，用那蹩脚的英语手舞足蹈地表达了我的观点。由于当时太执著于谈话内容，结束后都记不起自己当时是用什么词表达的了。我感觉这样对学习英语没什么效果，所以跟另一个语伴见面时，我尽量压制感情，重新整理了单词。

我刚才说“We were controlled by Japan（我们被日本人控制过）”，那个朋友就说“dominated by Japan（是被日本

占领过）”。嗯……是的，这就是高级英语！“They must be ashamed of their behavior!（他们该为其兽行而感到羞耻！）”嗯……ashamed（羞耻）。是的，是那个！“South Koreans want to get revenge?（韩国人想要复仇吗？）”这么问我，是的，报仇！然后单词也记下来了。

我用这种方式学单词，而且尽量在当天再使用一次。

能够学好英语的，往往是那些带有一点偏执的人。回到家，我会重新整理好当天所学的句子，并且在下次聊天的时候，再复习一次。在英语学习中，反复练习是最重要的。

我的祖国，让我忧伤和思念

人们都说，长期住在国外生活会激发人的爱国心，以至会成为忠诚的爱国者。当然，我也不例外。在国外生活时，我也时常会涌现出炙热的爱国情怀。但这种情感有时也会让我难受。思念祖国，为什么让我那么忧伤呢……

我从 1994 年夏天到 1995 年秋天一直身居澳大利亚。不知道那年住在韩国的人，是否还记得当时在韩国发生的许多事件，但我依然记忆犹新，因为当时所有的一切，都让我感到惊慌失措。

那是我在澳大利亚的第一个月，在韩国，发生了大韩航空公司的客机在济州国际机场坠落的事件，尽管没有严重的人员伤亡…… 还有同年 10 月发生的圣水大桥倒塌事件，以及时隔不久在丹阳忠州湖，正在工作中的游艇发生火灾的事件。接着在 12 月份，首尔阿岘洞住宅发生了煤气爆炸事件，造成了严重的人员伤亡。第二年 6 月，三丰百货大楼倒塌……

每当我们国家发生重大事件的时候，我都会通过新闻观看之前从来没有去过的丹阳忠州湖和占满电视画面的韩国地图。再加上韩国的人口贩卖、补身汤[8]文化等事件，韩国在各国广播节目上都受到指责。由于各种事件、事故接连不断地发生，韩国成为了国际社会的焦点。

那时，宿舍的公共电话亭前面，接连几天都有很多韩国留学生排起长龙，给家人打电话问安。有时还举办不合时宜的友好聚会。

在国外看到的韩国总是那么岌岌可危、杂乱无章。所以每当想起祖国，我心里就不由得涌出一股忧伤感。

记得有一次，我做翻译工作的时候，遇到了几名到澳大利亚访问的韩国高中生。由于和那些学生没怎么接触，所以只是依稀记得，他们是借机会通过父母的公司，到澳大利亚

[8] 补身汤：即狗肉汤。韩国人夏令进补吃狗肉的习俗由来已久。——译者注

来参加为期两周的培训班的。虽不想这么形容他们，但他们的确是家境很好、叛逆心理很强的孩子。

有一天，在乡村教会里，人们为增进友谊举行了野游会。教堂后面正在进行一项工程，那天正好是周末，所以停工一天。我也抽空参加了野游会，气氛很温馨。突然，人们呼啦啦地往教会后院蜂拥而去。我也跟着人群上前去看，原来是一群人正在施工现场打架。挥着木棒的正是那些韩国高中生，他们每个人都身材魁梧，没人敢站出来劝架。比较有教养的澳大利亚大妈们都掩面尖叫，大叔们也不敢上前，说是要叫警察。

因为跟他们有过一面之交，所以我觉得我应该站出来劝架。于是，我冲上前拦住那个貌似主犯的家伙训斥道：

“你们就那么目中无人？是不是连我也不认识了？”

他们可能有点儿畏惧我，不一会儿就散开了。那些澳大利亚人看到这一场面都非常惊讶，并夸我很勇敢。他们认为这种场景只会发生在黑帮电影的剧情中，而今天得以亲眼目睹，所以无比的惊慌与兴奋。

而我却无比惭愧。这种事在韩国不是很常见吗？凌晨，在韩国大学路的小酒铺或红灯街屡屡发生。在韩国，和从军队里出来休假的前辈一起喝酒时，我也曾遇到过这样的斗殴事件。当然，我第一次遇到这种事情的时候也会感到很害怕，但经历多了慢慢就懂得了处理的方法。“大家都在耍酒疯，女生不出来劝架，谁能阻止？”但在澳大利亚，我劝架的行为竟然让我获得了“勇敢市民奖”。

在西方很少会发生肢体冲突。如果有人在发生矛盾时动了拳头，就会遭到谴责，甚至被说成是野蛮人。由此看来，韩国市中心大桥倒塌事件对他们而言也是无法想象的。

不管怎样，我不能不热爱我的祖国。虽然社会充斥着暴力、诉讼等，人际间不断出现感情纠纷，并混杂在一起。但是我不能不喜欢他们。因为我和他们一样，都是韩国人。

我不是不能理解那些白人投来的疑惑和鄙视的目光。故作清高的他们懂得如何自我保护，过着舒适安稳的日子。即便如此，来自又小又穷的东方国家的我，出于傲气，也不希望跟他们是同一个民族。

在国外生活，常常会因自己国家的渺小、寒酸而感到忧伤。但也因此，我更加迫切地想回到祖国。

在离开韩国之前，带有强烈个人主义倾向的我，对于我们国家人与人之间特有的纽带关系——“情”完全不了解。但就是这么冷漠、不近人情的我，不知何时起思念着我的同胞，思念着我的祖国，并因此决定回国。

把握时运，有时可以改变一生

到澳大利亚3个月之后，我考上了大学。确实，这不得不说是我碰上了好运气。

在澳大利亚不考TOEFL（托福考试）而考IELTS（The International English Language Testing System的简称，中国称“雅思”考试。类似于TOEFL考试）。考试科目包括Speaking, Writing, Reading, Listening（说、写、读、听），这对于像我这样实用英语能力强的人来说非常有利。

决定报考澳大利亚大学后，我利用社交技巧让所有的澳大利亚朋友给我辅导英语。

终于考试的日子到了。最终的分数超出了我平时的水准，对此我感到很满意。特别是 Speaking, Writing, Listening 考了 7.5 分，我得以如愿地进入大学。但是 Reading 较差，勉强过了分数线（5.5 分）。

实际上，在语言学校，我上的是 INTERMEDIATE（中级）班（语言学校开设了 Beginner course/Intermediate course/Advanced course［初级、中级、高级班］），所以我绝不是一名出色的学生。也正因为如此，大家在看到我的分数后都感到惊讶。其实，这也不能把所有的功劳都归功到“运气”上。因为从一开始，我就在努力地准备考试。

没有目标的盲目学习和目标明确的学习，二者在速度和效率上肯定有很大的差异。对无限期的留学生活我一直有着危机感，还有看到那些闲散、悠然自在，一年也没有任何收获的留学生时，很是不能理解。

当我顺利地通过考试，决定入学的时候，周围的人都很担忧。特别是语言学校的老师们，说我的英语还不扎实，应该再学习 6 个月左右的研修课程。虽然我也知道我的英语很糟糕，但我不想继续在语言学校里消耗时间。

终于盼到了开学的那一天，进入大学后，发现其实东方人寥寥无几，而且同年级的同学都比我年轻。每门课程的进度也都很快，再加上两周一次的presentation（课堂演讲），这更让我却步了。要以我匮乏的presentation？这不是开玩笑吧！

我一直向往充实而忙碌的生活。现在终于如愿了，我学习时带着很高的积极性，但还是对未来感到很迷茫。在这样的状态下，我尝试到了人生中第一次真正的学习，因为我可以学习自己感兴趣的专业——市场营销。

在韩国，提起学习的话，我只能想起背诵科目或者考试科目，所以在澳大利亚的学习对我来说具有与众不同的意义。首先是有意思。即使是读大量的英语，也不会感到吃力。我一天要读数百页的书，因此没有时间详细研究解释、惯用语、语法等部分的内容，只能尽量快速地阅读、理解，然后装进大脑里。曾经让我头疼的阅读和语法已经不成问题了。如果继续在韩国学习，英语和市场营销肯定很难学好。但在澳大利亚，人与人之间用英语沟通，所以很轻松地就可以通过英语这一关。

连日的忙碌，让我经常要忍受睡眠不足带来的痛苦，我的体力也日益下降。记得有一天，我在路上走着，自以为只是眨了一下眼，但打起精神看周边时，却发现自己已经走到了马路的对面，好像是走着走着就睡着了。霎时，我冒了一身冷汗。即使是现在回想起来，也仍心有余悸。万一当时有辆车经过的话会怎样呢？我会不会在澳大利亚死于非命！

人无完人，
不必力求完美

澳大利亚是女人的天堂。在韩国，大部分家庭都渴望生男孩，所以一般家庭都由“女儿，女儿，儿子”构成。澳大利亚没有重男轻女的思想，但不知什么原因女性人口远远多于男性人口，所以女留学生会受到澳大利亚女性的冷落，却受到男性的追捧。众所周知，不论是在澳大利亚，还是在美国和英国，东方女性都很受欢迎。相反，东方男性却不太受欢迎。

澳大利亚盛行国际婚姻，我在那儿听到了一个关于澳大利亚女性和东方女性的片段，我觉得挺有意思的，下面就跟大家分享一下。

如果丈夫的朋友到家里玩，澳大利亚女性会坐在沙发上迎接客人，她们从来不做削水果之类的事情。澳大利亚女性在国际上以女强人的形象而出名，以挑剔的个性而著称。与此相反，日本女性一听见门铃响就赶忙去厨房端出茶点，然后一直在厨房忙碌。这些都是我们很容易想象到的。

那么，我们韩国女性又会怎么样呢？韩国女性会像日本女性那样端上水果后，坐在丈夫旁边发挥她们的社交技巧，与客人畅所欲言，所以韩国女性非常受欢迎。

听着这个故事，我觉得又可笑又可悲。因为我想起了曾经在某一本书上看到的内容，说韩国的男性都具有超人情结，女性也都有女超人情结。

为什么我们都成了超人呢？我们真的想那么生活吗？为什么我们国家的女性那么追求完美呢？真的是因为自己喜欢担当妻子、妈妈、女人那一人身兼三职的重任吗？

澳大利亚女性不在意别人的评价而过着舒服的生活，日本女性只做自己分内的事情。难道韩国女性像她们那样做，会心里不踏实吗？

人际关系
要靠自我管理

我有很多朋友，不论去哪儿都有朋友结伴而行。朋友都说我很有人缘。可如果说那只是个福气，那么，过的肯定是安逸舒适的生活。世上没有免费的午餐，好人缘也需要努力和付出。有朋友迷惑不解地问我：“你也没为别人做什么，怎么别人那么照顾你呢？”我想告诉他（她），那并不是我白白得到的。在维持人际关系方面，我有我的原则，其中之一就是不会与朋友过多地见面。这样做既可以与朋友保持一定的距离，也可以让他们一直对我持有好感。

即使是性格随和、给人印象良好的人，在维持良好的人际关系中也要付出努力。也就是说，好人缘不是从天而降的，而是在自己努力建立人际关系的过程中获得的。

当然，良好的人际关系并不是指在几个人当中受欢迎。有很多留学生喜欢结交朋友，喜欢吃喝玩乐，最后却空手而归。另外，如今的大学生活中信息竞争激烈，所以不愿意与他人接触，喜欢独处的封闭思维也绝不可取。尤其是在研究生院，各种活动都以团队的形式进行。因此，如果没有良好的人际关系，毕业也并非易事。

我就读的研究生院的宿舍里，每个楼层住着 10 个人，所以我们经常在公用厨房里举办大大小小的聚会。我每天也会参加一两次，但每次都不会超过 10 分钟。一般我会先围绕着大家感兴趣的话题展开对话，然后最先离开聚会。这种自我保护式的人际关系处理方法不仅可以跟朋友保持一定的距离，而且也不会浪费时间。别忘记“时间就是金钱”这句至理名言，因为我们每天都有满满的行程，而时间并不充裕。

我最好的朋友是希腊人，她比我大两三岁，平常像姐姐一样照顾我。知道我故意回避一些晚会或消磨时间的聚会后，跟我非常亲密的她也像其他朋友一样，几乎不到我的房间里玩，而只是经常在走廊里叫住我，让我休息时间到她房间玩。

进修硕士课程可以说是我自我挑战的一个过程。一周也就有两三次的必修课，而且每一次都只是三四个小时，所以一天中有十多个小时由我自己安排。除了休息，我几乎将所有的时间都放在了学习上。时间可以自由安排，所以每个人都有属于自己的休息时间。如果休息时间不一致，即使是住在同一层楼的同学，一周内都很难碰上一次面。

我们经常需要进行课题研究，每次课题小组的成员由学生自己选择。每每这时，那些朋友不多的学生就会开始感到苦恼了。我是微笑女孩，微笑是我的武器。因此，通常别人都会先指定我当他们小组的成员。要是我与他们因过多的接触而产生私人感情，或仅喜欢吃喝玩乐，这样他们反而会不理我。看来这也是一种策略。过分亲切地对待每个人，参加每一次聚会，这都不是实用的交际策略。要记住，维持良好的人际关系，最重要的是要懂得自我管理。

谁天生
都不是天才

首都堪培拉，观光城市布里斯班，产业城市墨尔本，历史悠久的文化城市悉尼，还有宜居城市珀斯共同构成了“规划完善的城市群”——澳大利亚。

如果你能够适应城市生活，在悉尼居住将会是一个很好的选择。

在那里，不仅可以遇到很多韩国人，还可以尽情享受异国的文化风情。如果想在田园都市与澳大利亚人和睦相处，我建议到珀斯居住。那里韩国人相对较少，生活成本也较低。

对于留学生来说，往往会由于经济上的不充裕，而不得不做兼职来赚取日常开销。对此，我极力向他们推荐布里斯班。

这里有很多有名的旅游胜地，特别是黄金海岸将澳大利亚的旅游业发挥到了极致。随着东方游客的蜂拥而至，东方导游的需求量也不断增大。在这里，若说不足，无非就是韩国人过多。

在异国，韩国人多，虽然会减少孤独感，但对于提高英语水平却起不到丝毫作用。

对于男留学生来说，导游、自助餐外卖服务等兼职工作都很适合，收入也比较丰厚，只在周末工作就可以赚够一周的生活费。

同很多留学生一样，在澳大利亚留学期间我也做过许多兼职。我有一些特别的经验想传授给留学生们。

昆士兰大学和我以前就读的格里菲思大学都设有韩国语学院，当然，那里也会有来自韩国的教授。在澳大利亚，如果想聘用韩语和英语都精通的人，那会向哪里咨询呢？毋庸置疑，当然是咨询各个大学的韩国语学院。

我立即直奔教授办公室毛遂自荐，跟教授熟悉了以后，定期拜访获得了几份工作。除了笔译和口译，教授还向我推荐了许多我感兴趣的工作。其中，印象最深刻的莫过于给旅行社的宣传视频做韩语配音。还有挣钱最多的一次是非法就业（因为不是就业签证），这个可是靠教授推荐才得到的机会，详情是这样的：

那是我去到澳大利亚的头一年。一次偶然的机会，我被Exchange Culture（文化交流）公司聘任为翻译人员。

实际上，以我当时的英语能力是很难胜任这个工作的。不仅如此，应聘者大多数都是第二代移民者，所以坦率地说我很缺乏自信。但是聘用我的负责人说，我的性格比较活泼，可以活跃气氛。

不管怎么说，那3个月里，我游遍了布里斯班有名的旅游胜地，住遍了那里出名的星级酒店。我一直想："这真是中大奖了！"

有一天，在法国西餐厅有一个会议晚餐。西餐厅的外观装潢虽然简洁，但品位却很高雅。看着处处可见的牛角面包、法式长棍面包、奶油面包圈等，我简直欣喜若狂，口水直流的我一顿猛吃，之后才知道这原来是长达3小时30分钟的自助会餐。

大大碟子上的精致的牛排、沙拉……还有每隔10分钟接续而来的菜肴，让我感到很无奈。接下来的3个小时里，我竟打了3个国际长途电话，去了两次厕所，真是无聊透了。

3个月的打工让我有了各种各样的体验。不仅体验了一周换一次豪华酒店的奢侈生活，还跟着董事长们学习了骑马、高尔夫等“贵族”运动。这些虽然看起来都很风光，但却令我每天如坐针毡。

因为以我当时的英语水平，别说口译，就连日常生活交流都很困难。再加上卷入了因公司职员不正之风而引起的纷争，大家可以想象当时我过的是什么日子。但令人惊讶的是，第一次接触的单词我竟然都能正确地理解。我想大概是察言观色和抓住要领的能力有所提高的原因吧。

世上无难事，只怕有心人。如果没有面对问题，就很难发现自身的潜能。没有人天生就做得完美。这3个月的翻译经历，给了我很多教训，让我领悟了很多人生真谛。而且，我的英语水平也取得了长足的进步。

在韩国辞掉日报社工作时，曾遇到过类似的情况。在离职时，我觉得把自己所担任的专栏转交给别人会很可惜，所以想转交给我的朋友，但所有的朋友一致挥手拒绝了。

“我哪会写文章啊？何况在报纸上！我，我不行！”

那么，我呢？一开始就有自信了吗？当然不是。我受到委托时，对报纸和文章都很生疏。但我深信，“没有天生的作者”。我通过不断的努力，后来真写出了好文章。

凭借一副厚脸皮，以及初生牛犊不怕虎的拼劲，我积累了丰富的经验，并改变了我的人生。现在的我依然相信我的人生信条：

“我要挑战一切不可能的事情。”

在布里斯班的小摊生意

别人都说我具备商业潜质。确实，我经营过濒临破产的小餐馆，做过网络公司的创始人，也曾做过小本生意。我不知道自己是不是像别人所说的那样具有商业头脑，但是我对生意经真的一窍不通，也不想知道，因为我不但没有成为大富翁的壮志，而且深知生意场是个大染缸，会腐蚀人的心灵。

我最早开始做的是小本生意。每年夏末或是冬末，澳大利亚毕业和报到的留学生络绎不绝。

大部分的留学生刚开始都梦想拥有充实而又朴素的留学生活。尽管如此，再朴素的留学生活也需要具备基本生活用品。首先，为了学习电视机是必需品。此外，还要准备烤面包机、平底锅、碟子、垃圾桶、吹风机、镜子等各种生活用品，可能还有更多。

大部分留学生花很多钱购买这些生活用品，而他们离开时，那些东西想卖也卖不出去。因此，丢弃它们是一件很平常的事情。

看着这些，我有了做生意的灵感。当时，我没有驾照，于是我拉一个有车的朋友入伙。每天给那个朋友支付开车所应得的酬劳，然后一起到留学生宿舍寻找机会。当听说我们可以帮他们处理那些令人头疼的东西时，留学生们纷纷拿出自己的生活用品。

从电视机之类的高价品到一些旧书，全部都载到我的住处，然后等到开学再处理。是怎么处理的呢？我在学校里转悠，寻找韩国留学生居住的地方。由于大部分留学生都聚在一起生活，所以我转了几处那些东西就都卖完了。这样下来，挣了 800 美元！

当时所卖的物品中，给我留下深刻印象的是有一本叫作《一对一》的语法书，我为了卖那本书，几乎到了胁迫那些学生的地步。“在澳大利亚是买不到用韩语写的英语语法书的。以你现在的水平能懂英语版的吗？根本不可能。所以只能从韩国寄来。那样的话，光运费就比原价高了，岂不是得不偿失？不要讲价了，买走吧！”这就是我做生意的方式。

这是多么无耻的诡辩啊！现在回想一下，虽然有些过分，但那个时候就是那么卖东西的，而且卖得非常好。真是一段令人羞愧的回忆。

悠然自得的人们

澳大利亚到底是一个怎样的国家呢？人们说澳大利亚是一个适合居住的国家，一个即便是发生核战争也会很安全的国家。但我所了解的澳大利亚不完全是那样的。

首先，在澳大利亚你会觉得无所事事，这会让你丧失欲望。这与我们早已适应的激烈竞争并以成功为傲的民族文化是截然不同的。所以我经常称澳大利亚为“dead city（死城）”。在澳大利亚，晚上只要到 6 点钟，除了市中心的“Queen’s Street（皇后大街）”以外，其他地方早无人迹。晚上，一家人在电视机前吃饭，吃完饭后再点比萨当零食吃，然后上床睡觉。Lazy Aussie people（懒惰的澳洲人）！

在气候适宜和富饶美丽的大自然中，拥有文明的利器的澳大利亚人悠然自得。这与在狭小的国度里不得不为生计而竞争的我们形成了鲜明对比。对此，我虽然持否定态度，也觉得寒心，但在另一方面却又非常羡慕他们。

早上，从我居住的居民区到公共汽车站需要走 20 分钟。在这个人人都拥有私家车的富裕的国家里，人们房屋前的道路很宽敞，宽度相当于一般的双车道。我曾在一个叫 Dolphin Street（海豚大街）的小区家庭寄宿。每天早上，我常常会穿梭在风景如画的两层居民楼间，感受它带来的舒适与宁静。努沙、黄金海岸、阳光海岸都是世界首屈一指的观光地。因为离布里斯班不是很远，所以我经常与朋友结伴去那里旅行。现在回想起来，那时是我人生中最美好的时光。不是因为名誉和金钱，而是因为那份无拘无束的自由。

我们经常开几辆车漫无目的地行驶在田间小路上。凌晨，信步走到江边，在江边钓鱼。夜晚，在月光下谈笑风生，或者漫步在像白砂糖一样细腻柔软的沙滩上。那时，其他朋友都在想什么呢?

我呢，想起了韩国的街道。接着，示威队和在韩国经历的挫败感像走马灯一样在我脑海中一闪而过。再回顾我现在的生活，我想，从客观角度上看的话，这只是一种奢侈的生活而已吧。

因为向往平淡简洁的生活，那时的我只想做一名极平凡的女孩。对我而言，与鹤立鸡群相比，我更喜欢被别人保护，或作为某人的女朋友，或是某一团体的一名普通的成员，然后就那样无忧无虑地生活下去。

但是这种想法只是暂时的。对我来说，与安逸舒适的生活相比，就连拥有这种想法都很奢侈。当然，我不否认这是我的另一面。最终，我舍弃了与我的生活格格不入的东西，那些平淡生活是今生不可能再有的时光。那时的预感是正确的，那之后，我再也没像以前那样过着悠闲的生活了。

是啊，只有在澳大利亚才会有那些闲暇和舒适的生活。在这充斥着自由和富饶、无比安逸的国家里，怀抱着野心和理想不断前进是很不相符的事情，所以我也不像思念英国一样，思念这个国家。

刘树燃式的友情 & 爱情

我不是那种喜欢闲聊的人，但是话也不少。首先，我从事靠嘴吃饭的工作。其次，我与几个死党在一起时，话也是很多的。可我的家人和朋友们都说我话少，但是他们知道吗，这主要是因为我们之间没有共同关心的话题。

我也不是一个爱管闲事的人。也正因为这样，我不会在背后议论别人，对于背后嚼舌头根的事情也没有兴趣，我只对自己和我所在意的事情感兴趣。其实，我也担心我会成为一个呆板、不懂得幽默的人。

最让人头疼的莫过于和许久未见的朋友叙旧时，让我讲述关于外国生活的经验以及询问应该如何学习英语的事情了。他们很喜欢听我的故事。虽然我不知道听别人的经验之谈是否有意义，但是我认为这绝对不能成为自己的经验。因为每个人遇到的困难不同，解决处理的方式也会有所不同。

我不是那种把事情的经过自始至终说得很详细的人，也不是能够给别人具体指点的人。我也深知这是帮助别人的事情，只是我不是一个细心体贴的人。我不知道是否会有人说我是一个冷漠无情的人，但这样做会让我很舒服。虽然偶尔也会从周边人那里听到“无情”“冷漠”这样的话，但值得庆幸的是，我有几位可以推心置腹、志同道合的朋友。

在美国，每当我遇到挫折时，给予我力量的人就是朋友。在生活中，每当遇到困难想放弃的时候，给予我鼓励的人还是朋友。他们会说：“你一定可以的！”

有个朋友说因为我，他对“朋友”一词有了新的定义。原本他以为只有“有难同当，有福同享”的人才是真正的朋友。我做不了那样的朋友。

我的性格并不是多愁善感的那一种，不会努力与人共享时光。即使我不做，别人也能处理的事情，我坚决不会去做；即使不是我，别人也能给予的安慰，我坚决不会去安慰。在上大学时，我不喜欢成群结队地去食堂就餐，所以我有时会从朋友那里听到这样的质问：“我们在你心中到底算什么啊？”

我认为朋友不是无条件的付出。如果彼此在没有意义的事情上周旋，那只会浪费彼此的时间。

爱情也是如此。我不希望爱情束缚彼此。所谓的束缚，就是一方为了另一方牺牲自我、委曲求全。当然，我也会为了我爱的人付出一切，但是我不会为了对方的快乐，而停滞不前。

如果我的不足要由他来弥补，而他的不足要由我来弥补的话，那将是一场很不幸的爱情。这也只会使爱情停滞。即便是微小的牺牲或妥协，如果是为了爱情所做的，那只能说那种爱情是自私的，是不完美的。

我也有过恋爱经验，我认为真正的爱情是懂得放手和珍惜。如果对方需要，我还会再回去。但我不赞同所有的事情都要一起经历，因为这是一种自私的表现。

身处异地期间的绝佳营养食品

在国外饱经风霜，历尽磨难，都是为了过上更美好的生活。我未曾见过按时吃饭的留学生和上班族。男性与女性相比，更重视饮食，按时吃饭。即便是那样，男性的体重持续下降，女性的体重却不断上升，这真是件可笑的事情。

有些人说这是由于女性脂肪过多，且脂肪吸收率高而导致的，但是我认为应该是不规律的饮食习惯引起的。在国外，女性也如实地显露出了她们超强的生存能力。首先，女性不挑食，而且把经常吃的零食当作主食，而零食一般都含有较高的热量；其次，女性会经常暴饮暴食。很多女性为了减肥，节食几天后，又暴饮暴食。这样的饮食习惯使我们的身体储藏更多的能量，以此对付频繁的减肥。因此，即使吃很少也会发胖。

现在让我们言归正传。下面，我给那些独自在国外生活的人介绍韩国料理。虽然称不上是正宗的韩国料理，但是应该能给那些打算去国外生活的人提供一些参考。出国时，必带辣椒粉和辣椒酱，想必大家早有耳闻，并且一定要储存在冷冻室里。对于这点，或许有人问，“辣椒粉也会变质吗？”我的回答是：“当然。”

在国外，最容易买到的食品是方便面。

辛拉面是韩国代表性的出口产品，在世界各地都可以买到。据我所知，英国、美国、澳大利亚等任何地方都有辛拉面。即便附近没有韩国超市，在日本或中国超市也能买到。我会煮营养搭配均衡的方便面（只吃方便面的话，营养不均衡），做法如下：

营养丰富的辣味方便面

材料：方便面，辣椒酱，辣椒粉（辣椒粉不是在任何地方都可以买到的，需从韩国带去），胡萝卜，洋葱，西蓝花，卷心菜，少量肉

在锅中加入少量的水，把切薄的肉（不论什么肉都可以）放在水里焯一下。肉焯过之后剩的水不要倒掉，继续加入等量的水。之后放入除了辣椒酱和辣椒粉之外的材料，再稍煮片刻。最后加入一勺辣椒酱，一勺半辣椒粉，等到水沸腾之后放入拉面。营养丰富、味道鲜美的方便面就完成了。

泡菜！虽然说全世界都掀起了韩国料理热潮，但不是每一个人都喜欢泡菜的味道。所以，即使知道怎么腌泡菜，也不要动手做，因为它的味道可以传到方圆50米范围以外。因此，泡菜，连想都不要想了。

有一种可以代替泡菜的食物，也是我很喜欢的一种吃法，就是把洋葱切丝直接蘸着辣椒酱吃，油腻感一下子就会消失。

如果不能按照这种原始的方法来吃，那么拌黄瓜也是不错的。做法如下：

简单爽口的凉拌黄瓜

材料：黄瓜，食醋，白糖，洋葱，香油

这个做法很简单，所以没有必要详细说明。首先把黄瓜以外的调料搅拌在一起，再放入切薄的黄瓜搅拌均匀即可。也可以用盐腌制一

下黄瓜再拌。如果买不到香油，那么也可以用橄榄油代替。凉拌黄瓜是最好的泡菜替代食品。

我个人虽然不太喜欢“适当”这一词，但是在做料理时，没有比用“适当”更贴切的词语来形容了。在做韩国料理时，材料的比例一定要适当，这只能靠经验和自己的口味来调制。大致的比例是：辣椒酱∶食醋∶油∶白糖 =4∶1∶1∶2。

下面，我想推荐紫菜包饭。在出国之前，最好多带烤紫菜。只需做好饭，简单地一卷，一顿饭就轻而易举地解决了。用紫菜卷着米饭、蘸着香辣酱吃也蛮不错的。

在国外，很难买到韩国大米，即使有卖，价格也很高。日本大米的味道跟韩国的差不多，虽然容易买到，但价比较高。所以，在国外只能吃东南亚的大米。东南亚的大米不像我们的大米那样黏，甚至到了用嘴一吹就能吹散开的程度，没有一点儿黏劲。对于这个我有我的秘方。首先是在米中加入大量的水，把米饭煮得软一些，然后自然放凉。米饭一次做得多一点儿。饭凉了之后，存放到冰箱里，想吃的时候，就放在微波炉里加热一下，这样就可以变成粒粒晶莹的米饭了。

再就是咖喱饭。在我们国家，咖喱饭被认为是最简单的料理，备受推崇。但是国外却有所不同。国外主要吃印度咖喱，所以我建议大家不要去吃，因为那不是我们所喜欢的咖喱。

除此之外，在国外，最容易吃到的韩国料理就是排骨和杂菜了。有人会说排骨和杂菜绝对不是简单的料理，但是如果我公开我的秘诀，你们就会心服口服。下面我首先介绍的便是杂菜的做法。

简单杂菜

材料：面条（代替粉条），肉末少量，胡萝卜，洋葱，大蒜，食盐，胡椒，酱油，砂糖

在国外，虽然买不到粉条，但是在各国的亚洲商店里都可以买到面条。制作时，首先把水烧开，放入面条，煮熟后捞出并用冷水冲一下。然后，在肉末中加入少许的盐和胡椒并炒熟。这时一定要放入蒜末。加入胡萝卜和洋葱切丝，并加入盐和胡椒煮熟。最后，往锅中放入适量的油，并把所有的材料都放入锅中再炒一次。也可根据自己的口味加入适量的白糖和酱油。下一个，就是期待已久的排骨啦！

劲道排骨

材料：排骨，洋葱，胡萝卜，砂糖，酱油，大蒜，香油

一般在大型超市肉食品区所出售的排骨大多是 20 厘米长，7 厘米~8 厘米厚的四边形的肉块。买 3 块稍微带点肥肉的排骨。排骨的价格很便宜，如果没有看到那样的排骨，也可以用肉比较多的排骨来代替。把排骨放入大锅中，然后加入可以淹没排骨的水并煮熟。一个小时之后，放入两个洋葱、两个胡萝卜和半个大蒜。最关键的调料就是砂糖、酱油和香油。如果没有香油，也可以用橄榄油代替。附近有中国市场的话，也可以买 1 根萝卜放在里面。加入马克杯 3 杯的酱油、1 杯砂糖、半杯油。所有的调料都加入后，再用小火煮 1 个小时。美味的料理就完成了！

朋友来访时，用这样的料理招待他们也是相当不错的。但是，每个人的手艺都不同，最好是自己先试做一次，等手艺精湛以后，就可以在朋友面前大展身手啦。

这些就是我平时主要吃的料理。正如你所看到的，我做的料理很简单。材料就是肉 、洋葱、胡萝卜、酱油、砂糖、食盐、胡椒、油、大蒜（都是在当地能买到的东西）、辣椒酱、辣椒粉。只要有这些材料，就可以做任何料理。或许有些人认为酱油是韩国特有的调料，那就错了。酱油是全世界都食用的调料。

下面介绍适应各国饮食的方法。先说说比萨吧。我们一说起比萨就会想到意大利，其实比萨在每个国家都有自己的发展历史，都值得一尝。

澳大利亚比萨的特点是加入鸡蛋。要是不喜欢油腻的话，就不要去品尝它了。澳大利亚人大部分都喜欢吃薄的比萨，比萨有大有小，有一人份的，也有多人份的。

在英国，我喜欢吃放入菠菜和虾酱（把海蜒类的小鱼腌制后使之发酵的虾酱）的比萨。英国人大多喜欢吃辣的食物，餐厅也会根据客人的要求提供香辣酱。

美国人的口味和我们的口味比较接近。打入韩国市场的必胜客里的比萨的味道就是美国比萨的味道。

我个人比较喜欢 crazy bread（一种表面沾满砂糖和果酱的 15 厘米长的面包），希望喜欢甜食的人一定要品尝一下。比萨可以一盘盘地订，但也可以半个半个地订。这样，吃的时候就不会觉得腻，而且还可以吃到刚烤出来的比萨。

我建议打算去澳大利亚的人以中国料理为主。因为中国料理不仅味道好，而且实惠。在英国的中国饭店会根据中国人和外国人制订两份菜单，即使是同一道菜，价格也不同，最好是与中国的朋友结伴去，或是提前把想吃的料理用中文记下来。如果想节俭，我建议吃 Fish and chips（炸鱼 + 土豆条），但不要忘记加食醋和食盐。

YOUR CHOICE

PART3 绝望中寻找希望

YOUR CHOICE

（你的选择）

25岁，再次破釜沉舟

1995 年秋，我离开澳大利亚回到韩国，开始了我的英语讲师生涯。也许是运气好吧，我在这个岗位上能够不断前行。当时，在颇为有名的“郑哲外言学校”担任教师的我，屡次接到三星、LG 等国内屈指可数的大企业的讲课邀请。25 岁的我已经当上了讲师，学生年纪都比我大，所以我为了显得成熟稳重，尽量化浓妆，打扮得干练。

除了当讲师之外，我还继续着去澳大利亚之前做的写作工作：每个月向女性杂志和报社投稿。

就这样，我过着风平浪静的生活。不管是在工作上、时间上，还是经济上，我都感到很满足。

但是，在这种舒适中我却感到一种莫名的不安，它促使我忙碌起来。我开始每天上 10 小时的课，睡 4 小时的觉，每个月的投稿量也增加到了两篇。即使这样，一旦稍有闲暇，不安感就再次吞噬我。这种不安，来自我对自己人生的担忧，感觉我的人生似乎已在 25 岁被定下来了。想到要这样庸庸碌碌地度过余生，就觉得无比枯燥。我无法忍受这种似乎走到了尽头的生活。

单调的生活和不安感就像爆发前夕的导火线一样吞噬着我的心灵。那时，我连亲朋好友都不愿意见。他们一直期待着我的进步，但如今的我却一直在原地踏步，就连自己也无法忍受。

我内心默默发誓，一定要逃离这样的生活。也许是脱离不了韩国人重视教育的本性，最终我选择了继续学习。但一直对韩国的学历至上主义持有批判态度的我，不想在国内攻读硕士学位——毕竟韩国的大学都是一样的。

偶然在一家留学机构得知我的雅思资格证到期的消息。我开玩笑地说："我得赶紧读研究生了。"但那家留学机构却给我泼了冷水，说我既不是著名外企的员工，也不是一流大学的毕学生，要想上美国或者英国的名牌大学简直就是做梦。而且还附加了一句："即便是申请排名 100 位的大学也不一定可以。"这些话更是激发了我的斗志。

想想就觉得气愤，说这话的你又是出身于哪一所名牌大学呢，竟然如此地伤害别人。每次听到这样的话，我都会怀疑自己的耳朵，怀疑自己是否是听错了。为什么这么说呢？这样的你又能摆脱学历的衡量标准吗？这样的说话方式本身就是一种自我轻贱，不是吗？

在韩国，极少数的人能够考上一流大学，但无论自己是不是一流大学毕业生，大家喜欢拿学历衡量别人，这不仅伤害了别人，也伤害了自己。"某某，虽然毕业于 ×× 大学，其实也没什么特别的能耐。"看来学历真的成为了韩国公认的"身份制度"。

我厌烦了这样的社会氛围，我决定离开韩国。尽管我也无法摆脱"学历"情结，但我再也不想在学历至上的韩国继续学习。

决心继续深造的我，没有通过给予我伤痛的留学机构，而是转向其他的留学机构向几所大学提交了申请。当时已经是 6 月份了，而申请时间到七八月就截止了，所以准备时间并不充分。我申请的学校大概排名在 30 ~ 70 位，跟所谓的名牌大学有一定的距离。

尽管我的要求不高，但我还是连一封录取通知书也没有收到，50 万韩元也这样打水漂儿了。此时，我不服输的傲气更是达到了极致。

心想，“这肯定是哪儿出问题了，英国对韩国名牌大学能了解多少？虽然我是两年前参加了英语资格考试，但起码我现在是英语讲师啊。”

虽然我付出了很多的努力，但还是没有被任何一所大学录取。在拒绝信中也没有说明理由，这更让我感到无比的郁闷。但即便如此，我要到英国留学的决心依然坚定不移。

这时，我打了一个歪主意。对父母撒谎说我被国外的研究生院录取了，并伪造了录取通知书给他们看。我拿着那期间在语言学校拼死拼活挣的钱贸然向英国出发，并告诉身边的人说：“我去英国读研究生，可能暂时回不来了。”

到达英国，已经是 7 月中旬了。所有的一切都是那么的陌生，特别是英国特有的重音调，听起来就像德语，让我感到更加的无助。

终于取得英国排名前十位的大学录取通知书

在没有着落的情况下，拖着巨大的行李包，来到英国这片陌生的土地时，我只有 26 岁。让我恐惧的不是这一片陌生的土地，而是内心的茫然。在未来的 1 个月里，如果没有学校愿意接收我，那我只能提着这个装满了四季衣服的大行李包重回韩国。但是，我绝不能回去，因为我所有的家人、朋友、同事都以为我在英国深造，我怎能就此回去呢。还有内心对学习的那份渴望，使我绝对不能就此放弃。

我首先在伦敦的语言学校进行语言学习，学习时间为两周。当时，由于没有合适的住处，还需要签证，所以决定先在校方推荐的寄宿家庭住 1 个月。

解决了眼前的住宿问题，我开始每天奔波于伦敦市中心的英国文化教育处（British Council），在那里调查、收集各种教育机构发表的有关商学院排名的信息。

教育厅离观光购物街皮卡迪利广场（Piccadilly Circus）不远，步行约 15 分钟。那里服务设施完善，每天可以向专门顾问咨询 20 分钟左右。因此我在短时间内就了解到了英国的教育水平以及各学校的相关信息。一周里，我制作了 20 多页的英国大学一览表，里面记录了各大学的排名、地理位置、收费情况，以及招生负责人姓名等信息。

1997 年，英国的商学院就像春秋战国时代。新晋的排名前十位的大学跟传统的排名前十位的大学互相角逐。当然，伦敦商学院占据着第一位，Leeds 大学和 Manchester 大学等历史比较悠久的传统学校也名列其中。出乎意料的是，Oxford 却名列其外。与我们国家不同的是，在英国，即使是很出名的大学，专攻的领域也只有一两个。

例如：Oxford 是理科，Cambridge 是文科，London 是经营。Cranfield 和 Aston 分别列入了新晋的排名前十位的大学和传统的排名前十位的大学。

第二周开始，我在一览表中挑选几所学校，并提交申请书。通常写一份申请书需要整整一天的时间，加上寄出，则需要两天。

不久，我就收到了学校的回复，开始为参加各大学的面试而四处奔走，从最北的 Leeds 大学到最南的 Bradford 大学。

到达一所学校一般需要五六个小时，即使早上早早地出发，也要到半夜才能回来。

每天就这样来回奔波于英国的各个地区，也许是因为紧张吧，我没有任何心思去观看周围的风景。还有一个原因就是时间仓促，有时今天去北方，明天有可能就要到南方。其中在 Leeds 大学的收获最大。

Leeds 大学的韩国留学生很多。在等待面试期间，我听到了一名学生的谈话。他是一名硕士生，目标是成为一名教授。在韩国的地方大学取得了硕士学位的他，为了丰富自己的履历，在国际学术期刊上发表了论文，并以此为经历来到了这个国度。

这可真是一个好方法。幸运的话还可以拿到全额奖学金，对个人来说也是一次有意义的出国经历。如此看来，梦想留学的人可以借鉴此方法，首先跟教授商量研究计划，然后将研究结果发表到有国际权威的学术期刊中。

我无意中得知 Leeds 经济学院的教授是一位韩国人，因此我特意去拜访了他。当时他在上课，所以我一直在教室外面等待。那位教授给了我很多意见，他告诉我，Oxford、Cranfield 和 Aston 将会比 Leeds 更有发展前景。听了他的建议之后，我急忙跟 Aston 和 Cranfield 预约了面试时间。

现在回想一下，那一个月可真是费尽心血。

功夫不负有心人。最终我收到了 Aston、Leeds 以及 Cranfield 等大学的录取通知书。我有一种如释重负的感觉。因为我再也不用担心此刻要毫无所获地重返韩国了。突然，其间的伤痛也一下子涌上心头。

在英国这片国土上，去留不定，差点儿成为国际迷失儿的我，再怎么坚强也会感到害怕。韩国学历至上的社会风气，让我吃尽苦头。到了英国，还要担心能否成功申请到学校。这一切都让我备受煎熬。现在，我手里终于拿到了英国排名前十位的大学的录取通知书，内心的感激之情又怎能用言语表达呢。

之前，寄宿家庭的成员还不知道我来英国的目的。当他们听到我被录取的消息后，都替我高兴。

本打算只寄宿一段时间，但在那里我感受到了家的温暖。我们相处融洽，一家人也都很喜欢我，所以之后我一直寄宿在那里。整个家庭里只有爷爷、奶奶、5 只小狗和几名外国学生，在这个小集体中，我们以家人相称。

在澳大利亚，我也住过寄宿家庭，但从未感觉到如此的温馨，更多的是寄人篱下的感觉。也许其中也有我个人过于挑剔、过于怕生的原因吧。

在国外生活期间，我学到的一点就是与别人保持一定的距离。懂得保持距离，可以长时间友好相处。过分亲密反而容易产生矛盾，互相理解的程度也越浅。所以我建议尽量给人以活泼开朗的第一印象，保持外国人的神秘感，与人交往时不要过于亲密，这样可以避免不必要的干扰，而且，即便是犯了小错误，他们也会睁一只眼闭一只眼。希望到外国留学的人可以铭记这小小的忠告，它也许可以带给你最有用的帮助。

历尽千辛之后我走上了硕士生的道路，但是在那年冬天，短短的一个学期结束之后，我的硕士生生活被迫画上了句号。由于金融危机的爆发，我不得不返回韩国。从那之后，过了两年我才得以重返英国。

当时，父母经营着一家小的西餐厅，正是因为这家餐厅，我不得不中止研究生院的学习，回到韩国。除了人生和学习，对其他的一切都毫无热情的我冲上一无所知的世界舞台。与其说“冲上”，用被“推上”似乎更确切。

在韩国的两年里，我花费了一年半时间经营西餐厅，并当了两个月的英语讲师，最终历尽千辛万苦，得以再次回到英国。

凡事
都有其意义

时隔半年多才回到韩国的我，第一次来到了那家西餐厅，那个后来我倾注了所有时间和精力的地方。

当时父母盲目筹资，开了一家小小的西餐厅。由于金融危机的爆发，差点儿让我们全家人露宿街头。我第一次认识到了做生意的可怕。由于经济不景气，客人本来就不多，这下就更是寥寥无几了，资金周转困难，餐厅面临着倒闭的危机。

两手提满巨大行李包的我，走进了餐厅。看到妈妈和妹妹憔悴的脸，我的眼泪开始在眼眶里打转。心想：家里遇到了困难，无论如何我都要帮上一点儿忙。始初的第一周我在西餐厅里当服务员。但是客人明显比想象中的少，一天过去了，一周过去了，我开始慢慢意识到了情况的严重性。但是我什么也没说，什么也没做，因为我怕就此再也不能重返英国，但我又不能袖手旁观，眼睁睁地看着筋疲力尽的父母。

我内心又无比地气愤，我不甘放弃梦想，待在这个小小的西餐厅里。我要继续学习。

我只希望能够成功地转让这家西餐厅，早日回到英国学习。于是我做出了一个重大的决定，接手了父母的西餐厅。但前提是：他们以后不干涉西餐厅的一切事务，在西餐厅转让出去之前，放弃财务权和经营权。同时也要求妹妹退出。

全家人都说我是冷血动物。其实这样说也有他们的理由：西餐厅是他们付诸汗水经营起来的，尽管因为金融危机而一直处于赤字状态，但他们一起共患难，一直经营到现在，而如今却得不到任何回报地将它转到了我的手上。自从接手西餐厅之后，我就开始了长达一年的奋斗。事实上，年仅 26 岁的我要做好西餐厅老板并非易事，但正是在那里我锻炼出了顽强的意志。

刚接手西餐厅时，每天的营业额几乎为零。

几个月之后开始有了一些好转，但我感觉到的仍然是一种茫然，而不是喜悦。如此渴望学习的我，竟然在娱乐小巷里经营西餐厅……

西餐厅的经营状况在逐渐好转，但我却越来越感到力不从心了。让这些拥有不同背景、熟悉餐饮业的人给我这个不够格的老板当工人，在他们看来，小小年纪的我是多么的可笑呢。

我仔细地调查了市场行情。发现西餐厅的营业额虽然有所增加了，但是在当时经济不景气的情况下，迎合年轻人趣味的酒吧似乎更有发展前景。

就这样，西餐厅变成了酒吧。并把在学校里学到的经营学知识运用到实际当中，制作了会员卡，还经常搞一些优惠活动。因而，摆在酒吧里的几十张桌子，几乎每天都满座。

酒吧里的服务员也由我亲自培训。从如何打招呼、如何记住老顾客名字到服务态度的要求，我都一丝不苟地进行了辅导。同时，酒吧里还设置了不同等级的服务。

酒吧能够成功经营，多亏了和我一起同甘共苦的所有酒吧成员。赢得他们的信任，让他们有自豪感，这是我在经营酒吧过程中遇到的难题，也许在各行事业中也都会遇到类似的难题吧。

但是，我没能跟他们一起走到最后。因为当时的我渴望学习，希望能够尽快把酒吧处理掉，重回我的求学生涯。

经过一年的迂回曲折，我们的酒吧在经济萧条时期仍然是那个街上生意最火的。那一段时间里，虽然我看起来时刻精力充沛，但是紧张忙碌的工作以及负责家人的经济开支，这些都让我累得喘不过气。我没有任何属于自己的时间，也没空去见朋友，我一天也不能离开酒吧，也不能睡安心觉。

我每天开始工作的时间也跟别人不同，下午 2 点才是我一天的开始。我首先到可乐洞[9]农水产品市场一一地挑选、订购产品，下午 4 点到酒吧工作。平常我也招待客人，但主要是确认客人订位以及厨房的情况，察看是否有未成年人进入，检查服务质量等，就这样一直工作到凌晨三四点。

下午 6 点到晚上 11 点是忙碌高峰期，客人爆满。到了 11 点，供应商们开始到店里收费，并确认第二天的订货量。凌晨 1 点，我才能跟员工们一起吃晚饭，并整理当天的工作。到了月末更是忙得不可开交，计算管理费、工资，缴纳银行利息等。

事情之多，无法一一列举，但可以肯定的是：在这一行，不是所有人都能干出一番事业的。这段时间里，我的内心无比焦躁，除了工作其余的一切都装不下。

---

[9] 可乐洞（가락동，Garak-dong）：韩国首尔的一个区域。可乐洞市场 1985 年建立，据说是亚洲最大的农水产品批发市场。——译者注

转让酒吧那天，我忍不住流下了眼泪。因为那里是我经历了一年风风雨雨的地方，是不管自己愿不愿意都要拼命工作的地方。但我不能一直沉浸在这样的悲伤中。

我已经尽力了，所以我毫无遗憾。曾经属于我的酒吧，现在成为了别人的财产，这让我有点儿失落。但我还是离开了酒吧。内心因再无牵挂而感到无比轻松。我的心里、脑海里，再也没有什么可以牵挂的了。

接手西餐厅尽管只是我无奈的选择，但我却尽了自己最大的努力去经营，现在是该放手离开的时候了。尽管在那里我倾注了全部的汗水和时间，现在连记忆也要抹掉了。我毫无留恋地离开了那个地方。一切都只是一场戏，现在落下帷幕了，我也获得了自由。戏中不再有我的存在，而所有的剧情也毫无痕迹地在我脑海中消失了。从此我与这里再也没有任何的联系。

但是，到现在我仍然无法忘记曾经一起在酒吧工作的朋友。他们是我人生中珍贵的人，他们曾经守护着我，心甘情愿地跟随着我。特别是我的老朋友延植，他为了我放弃了自己的事业来到我那简陋的小酒吧里打杂。

通过经营，我懂得了“擅长”跟“喜欢”是完全不同的两个概念。对于经营事业，我不知道自己是否擅长，但我可以肯定自己绝对不喜欢。

再次踏上
自己选择的路

当时，离重新去英国的时间还有两个月。在这两个月里，我在时社外语学校[10]得到了一份教学的工作。我每天上10个小时的课，剩下的时间用来学习。也许是太长时间没碰过书本了，脑海中空荡荡的，犹如空冰箱一般。

这两个月对我来说是无比幸福的时光，因为我重新回到属于自己的位置，得到了安全感，并且在努力找回自我，其实这本身就是一种幸福。我得以再次穿上以前干练的衣服，

[10] 时社外语学校：韩国著名的外语培训机构。——译者注

每天上10小时的课，仅睡3小时的觉。结束了两个月满满当当的课程之后，我一天也没有休息就登上了飞往英国的飞机。

在通过安检处的最后一扇玻璃门后，我跟家人道别了。这时，我才感觉到所有的紧张感一下子消失了。站在等待安检的队伍中，我的眼泪终于忍不住哗哗地流了下来。

父母非常希望我继续留在韩国。他们对于我的选择很是不解，虽然说是留学，但只要离开家就肯定会吃苦，而且在韩国当一名英语讲师也一样可以过上不错的日子，为什么非得自讨苦吃呢。

当然我也可以不走。在韩国当一名英语讲师，然后找一个不错的男人结婚，生活一样可以舒适、安稳。

但是现实中的安逸似乎在紧勒我的脖子，让我喘不过气。我无法忍受没有追求、没有进步的人生。

人们都说我很不懂事，甚至还有人说我狠心，抛下还在金融风暴的余波中挣扎的家独自离开。其实我没有理由否认他们的话。

“你以为现在靠读书就能赚钱吗？有很多博士还失业呢！”

“看来你是吃苦太少了，还不懂人情世故啊！”

他们都说得很对，但是我不能因为这些话就放弃我的梦想，我有我自己的追求。

重返伦敦，感觉依然如故。特有的浑浊空气、自由自在的感觉，以及整个城市散发出的优雅气息。作为伦敦众多普通留学生中一员的我，重返伦敦，感觉无比亲切温暖，似乎是重新回到了属于自己的位置。

再次来到伯明翰，城市依旧。但我不再是从前的我了，没有了新追求，身心如被撕裂了一般褴褛不堪。我就如一名匆匆的过客，伯明翰在我眼中是那么的安静，那么的陌生。这里跟我过去两年里所居住的韩国有天壤之别。如今的我是否还能够融入这个富饶、朴素而纯洁的城市呢？

我无法忘记在匆忙中毫无准备地来到这里的第一个晚上。当时已进入秋天，房间里虽然开了暖气，但感觉还是非常凄凉。床是新的，但却没有被子和枕头。想要打开行李，但时间又太晚了，所以就穿着外套直接躺下了。

由于出国前一直都在讲课，再加上16小时的飞行时间，我累得几乎要倒下。很想拿东西来垫一下我的腰，但只要打开行李，整个房间一定会一片凌乱，所以也就放弃了那个想法。尽管当时已是饥肠辘辘，但心力交瘁的我根本没有心思去考虑填饱肚子的事。

同时我也忘记了寒冷，睡上了近两年来最安稳的一觉。

第二天睁开眼，我做的第一件事情就是打开手提电脑，输入了下面的两个词：

HAPPY（幸福）! HAPPY!

我想休息。

我选择了一间不错的宿舍。尽管在韩国时我拼命赚了不少钱，但这还是有点儿奢侈。不过即便如此，我还是想慰劳一下辛苦了两年的自己。就将此作为送给自己的一份礼物吧。为此，在接下来的几个月里我不得不加班加点地去做兼职。但我仍然觉得这样的投资是值得的。

宿舍楼是一栋现代式的建筑，其名字来源于附近一个小小的湖泊，叫作“湖畔楼（Lakeside）”。房间里设施完备，有网络装置、电话，还有电视。但我最喜欢的还是透过窗户可以看到的那一波湖水。

再次回到伯明翰的那一种如释重负的心情和紧张感，让我感到幸福。这跟在首尔时每天都在竞争和不安中度过的生活是完全不一样的。在这里，不必在意别人的眼光，也不必去刻意表现自己。

住进宿舍后的第二天早上，我开始了比填饱肚子还重要的工作：购买基本生活用品。首先要弄好上网设备，因为这是生活中必不可少的部分，所以我最先去了电子商业街。伯明翰被誉为英国第二大城市，但市中心很古朴，一点儿也不繁华。在伯明翰地区，疏疏密密的民居形成了一座一座小城镇，看上去很整齐（如果到英国旅游，建议你们逛城市的 Hight Street［上街］，因为 Hight Street 是最繁华街区的代名词，是每个城市最早发展起来的地方）。

接下来是买床上用品。我来到了英国最大的购物中心 Argos（类似于韩国的大型折扣商场）。Argos 不同于高级的百货大楼，那里商品价格比较便宜，消费者多数是大学生和一般居民。

我选择了黄色的被枕，因为深青色感觉比较冷，比较阴沉。对于自己的选择，我不自觉地笑了。也许是因为我不太习惯美丽可爱的颜色吧。

我不同于一般的女孩，很少会在家里黏着妈妈，妈妈也觉得白白把我这个女儿拉扯大，从高中时开始，妈妈就不再管束我。长大后我当了英语讲师，每天都忙于工作，经常深夜回家，家对我来说也只不过是一个提供住宿的地方。在家里我很少说话，只想安安静静地休息一会儿。也许因为如此，我连家里被子的颜色都不记得。

需要准备的还有餐具。如果没有餐具连方便面都煮不了。

看着我一件件挑选的物品，感到有点儿陌生，但它们却给我带来了新奇的乐趣。餐具我买了最便宜的，两个一大一小的平底锅，一个小锅。由于咖啡是我每天必不可少的，所以还买了一套马克杯。

我不知道该买些什么食物，所以就大概买了点法兰克香肠和芥末酱。从之前的国外生活经验来看，没有比这个更好的了。将香肠放进开水里煮一下，然后抹上芥末，既充饥又解腻。我喜欢这样简简单单的食物。

从家里带来的行李有一半还没打开，觉得没有必要这么急。离开课时间还有一个星期，这一星期是我两年以来第一次如此悠闲。真希望时间就此停止住，以后的日子依然会疲于奔命亦未可知。

只睡四个半小时
却仍感幸福的时光

1980 年《寒窗恋（The Paper Chase）》这部电视剧非常受欢迎，后来还被改编为电影。剧中经常出现五六名学生一起在图书馆学习的场景，这场景触动了我小小的心灵，在之后梦想着精彩的留学生活时还经常联想到那个画面。但真的走上留学的道路后才发现，原来我的幻想早已过时。

我宿舍房间的一面放着一张几乎跟床一样长的桌子，另一面是床和浴室，还有一面巨大的窗户，几乎占据了整面墙壁。对于一整天都只能待在宿舍的学生们来说，那扇巨大的窗户带来了安慰。但是窗门设置了安全装置，最大只能打开到 45°。听说这是为了防止自杀，因为进修硕士课程的压力无比巨大。

也许正是压力大的原因，每天凌晨 2 点都会从某处传来尖叫声。但是没有人会打听尖叫者是谁，因为有闲工夫关注尖叫声的学生还不到 10%。大部分学生即使是凌晨 2 点钟，都还埋头于学习中。

通常我每天学习的时间为 15~16 小时。除了睡觉和上课，其余的时间都是坐在宿舍里学习。有好几次在突然起身上厕所时，一不小心额头就撞到书桌上面的第三层书柜上。

我们很少去图书馆，每次找资料都要去那儿其实是在浪费时间。现在硕士生可以在网上进入电子图书馆资料室，以个人的名义登录会很贵，但如果是在校学生就可以免费使用。

网络图书馆的资料库比国立图书馆的还要庞大。利用网络图书馆可以直接将资料下载到个人电脑上，而不需要再像以前一样每天守在复印机旁复印，省时省力。所以我经常打开好几十篇论文学习。

同学之间见面讨论的次数也很少。平时可以通过 E-mail 互相传送资料，在网上讨论问题。发表或者考试前，只要在一起讨论两个小时就可以了。上课也不用带笔记本，因为每个座位上都安装有电脑（lap top），可以直接在上面记笔记，即将发表的资料也会通过大屏幕显示出来。

我每周上 3 天的课，从宿舍到教室只有 5 分钟的步行距离。途中有两家食堂和一家饮食店给我们供应食物。也就是说，我们生活的空间就在这 5 分钟的距离之内。

英国的大学和研究生院跟我们国家的不一样。在英国，所有的学习课程都是由学生自主选择的，学生们的平均睡眠时间只有四个半小时左右。通常一个学期结束之后，就再也见不着一两张熟悉的面孔。没人给他们压力，他们都是因为无法忍受课程压力而自动退学的。学习过程是如此的艰辛，可为什么我还会觉得这段时间是我人生中最美好的时光呢？

韩国，美国，澳大利亚，英国，去哪儿

第一个学期结束之际（英国硕士课程为 3 个学期），我就开始担忧起就业问题来。也许是因为长大之后，我就不再像从前那样游手好闲，如今对未来的担忧比任何时候都要强烈。特别是想到父母和朋友们的期待，就让我感到很有负担，担心自己以后能否有所成就。一意孤行地来到英国进修硕士，毕业后如果没能找到一份好工作，那我该如何面对他们呢？想到这我就不禁打寒战。我开始积极为就业做准备，目标是在英国和美国找到工作。从 2 月份开始一直到当年夏天，我几乎花了半年时间才找到适合自己的工作。

本打算毕业后在英国就业，但是在英国办理就业签证比在美国要难得多，所以只能放弃。事实上，我曾得到过伯明翰凯悦酒店的聘请，但由于签证问题，最后就不了了之了。

在美国，如果取得了硕士学位，就可以办理两年的就业签证，但这在英国是绝不可能的。由于欧盟的存在，欧盟圈内的公民不用签证也可以在各个国家就业，很多优秀的人才都挤到英国，导致英国的人才过剩。因此，英国的企业一般不会给予像我这样的亚洲人签证和职位。但美国则不同，美国就业的机会很多，而且签证比较容易拿到。

美国的硕士课程和英国的硕士课程也有着天壤之别，在此作一下比较。首先在美国，进修硕士课程本身就是一个艰辛的旅程，各科目每周都会有考试，其过程也挺痛苦的，但是学生只要能通过，就可以毕业。硕士课程设置在 2 年之内，半年一个学期，所以时间比较充裕。而在英国，课程则只设置在 3 个学期之内。

英国的大学出了名的一点就是：毕业比入学更困难。第一年要忍受教授们海量的上课内容，还有做不完的课堂发表。教授们布置完该做的任务之后，接下来就要靠学生们自己的努力了。测试前也不会划范围。

也就是说，美国的大学以循序渐进的方式进行教育，学生们只要跟上进度就行了，而英国的大学则是把所有的学习任务布置下来，由学生们自行学习消化。一年内传授海量的知识，让人感觉就像是“师父领进门，修行在个人”。一年内如果完成了所有的学习任务，就可以离开学校，做自己想做的事，去自己想去的地方，一年后再回校参加毕业典礼就行了。但很少会有这样的情况。学生们不是因为有些科目没有分数，就是因为论文还没完成。这些事情无论如何都要在接下来的一年里自行解决，否则毕业后拿到的就不是硕士学位证（master's degree），而是结业证（Diploma）了。

在英国进修硕士课程也有好处，那就是学生们可以更专注于自己感兴趣的课程，还可以自主分配时间，制订学习计划。但这也很容易让有些学生迷失方向。也许正因为如此，英国的硕士生毕业率要比美国低得多。

但是为了就业，我付出了很大的努力，最终有 3 家美国公司向我伸出了橄榄枝。考虑到我的专业，我最终选择了凯悦酒店。那年夏天，我在离就业还有两个月时，艰难地修完了硕士课程，只要在一年之后参加毕业典礼就可以了。我终于有空余的时间了。

到凯悦酒店上班前的两个月，我回到了韩国。好不容易有了空闲的时间，还没来得及享受悠闲的时光，就要埋头于一堆事情中。在两个月的时间里，我作为“宋强钦（音）网络语言学院”创立者之一，忙于经营企划和讲课。为了录制我们国家最早的商务英语讲座，每隔一天我就得在录音室里熬通宵。从那以后，LG 等大企业在很长一段时间内都在听这个讲座。看来我的工作运实在是太旺了，每天都在忙碌中度过，也许这也是一种命吧。

国外就业，漫长旅途的开始

投资时间

谁都知道，出国就业的关键是收集相关信息。但是要怎么收集，很多人都会感到很茫然。尽管大家都有电脑，但是却无从下手。

首先，建议大家试试以下方法。到书店找有关实习的书籍，收集招聘实习生的公司的信息，或者查找有招聘实习生信息的网页。如果确定了就业领域，最好是关注该领域的专业杂志。

比如韩国的月刊《HOTEL & RESTAURANT》（《酒店

管理》），虽然大家不是很熟悉，但里面有很多就业信息。

还有另一个更好的方法就是，选定自己想去的公司，然后访问其主页。各个网站使用的词汇都大同小异，如果说因为英语水平低而找不到信息，这只是借口罢了。

举个例子，点击各公司主页的“CAREER（职业）”键，进入网页，找到“INTERNSHIP（实习生）”这个词。或者直接输入“JOB（工作）”“CAREER”“INTERNSHIP”等关键词进行搜索，也一定可以找到那家公司的招聘信息。

我找工作的时候，一整天都坐在电脑前收集相关网页，整整花了一个月的时间，整个假期都是在电脑前度过的。如果想到国外就业或者实习，那么就得付出像我一样多的时间。

我通常会抱着试试看的想法，先在门户网站的搜索栏里输入“INTERNSHIP”，然后逐一地进入每一个网站。久而久之，自然也懂得了要领。后来只看主页，我就知道里面会有多少信息，值不值得点击进去查看。

准备多份简历

我认为我的简历都是成功的，因为我在上面花费了很多的心思。100 多封对我的简历的回信（尽管回绝信居多）中，每一封都写了这样的一句话：“We were very impressed with your resume.（你的简历给我们留下很深的印象。）”

为什么有这样的结果呢？理由有 3 个：外国朋友、信息收集，还有大量时间的投资。

大部分人对于制作简历都是不知所措，其实我也一样。“应该先写什么呢？从小学时期说起，还是先从大学时期说起呢？兼职的经历要不要提呢？”制作简历时，我决定从大学时期的事情说起，并写下了所有的兼职经历，简历一下子就超过了 3 页。再加上两页的自我介绍，总共达到了 5 页。

制作完简历之后，我让宿舍的朋友帮忙修改。她们大部分是 MBA 专业的学生，有着丰富的经验。我先让跟我住得最近的英国朋友帮忙检查。那段时间里，我几乎每天都到她房间讨论简历。两周内，简历从 5 页减少到了两页，两页的简历再针对不同的职业方向被整理成了 3 类：咨询类、酒店类以及一般营销类。

制作简历时，内容要有针对性。如果填写的工作经历过于杂乱，反而反映不出个人的专业性，因此要针对你所选的职业进行填写。记得小时候妈妈经常对我说这样一句话：拥有十项才能的人反而被饿死。这道理在世界各地都适用。当然，简历的效果要看你如何包装你的各种经历，但无论如何，先将与应聘公司业务相关的经历列举出来会更有利。

也因此，我每制作一份简历就要花费很多的时间和精力。一开始，我对于制作简历也是一无所知，不知从何处着手。但最终，我却在酒店和市场营销领域得到了职位，我认为这都是我根据不同的领域去精心准备简历的功劳。

尽管我的简历达到了两页，但一般制作简历以不超过 1 页为宜。站在审核简历的招聘者的立场想想，他们一天要看数百篇内容相似的简历，如果简历的页数超过两页，他们有可能会懒得去看。所以，写得过于繁冗只会让对方感到厌烦。

朋友们都建议我将简历缩减到 1 页，但我却只减到 2 页。这是为了凸显我自己的个性。即使是非常了解那个国家的职场文化的朋友给了你建议，我也希望各位不能一味地听从，要保留自己的个性。

记得我们国家的自我介绍大部分都是这样开头的："我作为长男，出生于一男两女的富裕家庭……慈祥的妈妈和……"任何人力资源部的负责人在看到这样的开头后，都不会想继续看下去的。简历的封面也很重要，要选择能够凸显自己的智慧、礼仪还有个性的封面。特别是礼仪，通常我们会认为外国人不拘泥于形式，但不管在哪个国家，礼仪都是最基本的。面试官会从简历中看你"是否按照正规的形式制作（formal）"，"是否接受了良好的教育（well-educated）"，从而判断你是否是一个“有智慧、懂礼貌”的人。

把准备好的简历投到各个公司的话，各个公司会再发过来自己公司统一的招聘简历表样式。这是最棘手的事情。由于每个公司的要求不同，而且制作简历需要时间，因此大概要两天才能完成一封简历表。

同时，回答问题的方式也很重要。不是理解了问题就能回答得很好，关键是简洁明了地说出面试官满意的答案。记得我面试时也经常抓不到这个要领，回答得很啰唆。这主要是因为文化上的差异。韩国人说话都比较委婉，而外国人提问时都想得到直接的答案。可惜的是，很长一段时间之后我才领悟到这一要点。

向公司提交正式就职志愿书前，我再次请求了朋友的帮助。但是朋友们各持己见，都认为自己的想法才是正确的。这让我感到有点为难，同时也让我对外国人和外国公司有了新的看法：原来在这里也存在形形色色的人，而且有多少家公司就有多少种不同的模式。所以最后我还是坚持了自己一贯的方式。

按照公司的要求去准备资料，或是写自我介绍时，最需要注意的一点就是只写要点。这样可以引起对方的好奇，让对方不自觉产生这样的想法：“面试此人要问一下这个问题。”

如果将所有的信息都详细地写出来，别人在面试之前就可以对你作出评价了。所以简历和自我介绍成功的关键在于能够引起别人的兴趣，可以使对方针对你提供的资料来提问。

还有一点就是出国前要理解对方国家的文化。

在英国，首先需要引起对方的兴趣，这样才能得到面试的机会。而在美国，简历则要求写得非常具体，要有详细的信息和数据等非常有力的根据。

自称为雅皮士族（Yuppie 族：在城市周边从事专业性工作的年轻一族）的人比较适合进军英国和欧洲，可以拥有轻松的休假。要是对事业充满野心，已经适应了韩国式的“工作狂”文化的人，则可以选择到美国就业。因为美国的超长工作时间使韩国的加班工作都黯然失色，在那里，只有工作狂才能生存下来。

主攻一个人

“Hello, I’d like to speak to someone in the human resources department, please.（你好！请帮我找人力资源部的人接听电话。）”

一开始为什么会感到那么难为情呢？如今我还对第一次打电话的情形记忆犹新。“投递简历之后一定要在两周后进行电话确认”，所有的就业秘籍都这样写，但真要做起来又岂是那么容易的呢？

打电话说什么呢？如果提问与公司有关的事情怎么办？我什么都不懂……我怎么可能记住那么多经理的名字，然后给他们打电话呢？国际话费肯定很贵。

我也是用各种各样的理由来一拖再拖，一直都没有给公司打电话。但直到 4 月份，也没有得到任何的答复，我开始着急起来了。想着要这样放弃然后回韩国，眼前就一片渺茫。

但是这种焦急感却给我带来了勇气。我抱着试试看的心态拿起了电话。可是声音怎么会那么抖呢？本来发音就不地道……但是我马上就使自己镇定了下来，告诉对方我的名字和打电话的目的，然后等待对方的回答。出乎意料的是，电话那头传来了很亲切的声音。“简历已经收到了，一周之内将会给你答复。”对方说到这，我就不懂怎么接话了，但是又不能就这样挂掉电话。心想：我战战兢兢，难道就只是为了听到这一句回答吗？最后，我还是鼓起了勇气跟对方继续聊下去。

“我的专业是服务营销而不是酒店管理，这有没有关系呢？”

“你们公司有没有韩国人呢？”

就这样打开了话匣子之后，我每隔一天就打一个电话。

“我准备到伊比沙岛旅游，如果期间有什么事的话可以往那边联系我吗？”

几次这样的通话过后，我跟那里的经理们变得熟络起来了。

打电话的方法主要有以下几点。首先，确定对象并记住对方的名字。对方如果是人事部负责人当然是最好的了，但是这样的人往往会比较忙，时间比较少，如果经常跟他（她）通话效果有可能会适得其反，所以最好选择人事部中的一名职员。通过几次电话交流，就可以感觉到谁比较亲切，谁比较冷淡。然后把亲切的那位当作目标，记住他（她）的名字，以后每次打电话找他（她）就可以了。

接到面试通知的那天我也跟平常一样多话，对方突然跟我说：“希望 11 月份你能来我们公司面试。”

我一时瞠目结舌，说不出话来。

“Is, is it a formal interview? Is it?（是，是正式面试吗？）”

噢，我的天啊！听到一直以来期待着的回答的瞬间，我感觉全身无力，一下子坐了下来。高兴，不，应该说是震惊才对。10 分钟之后我回到了宿舍，在走廊里高兴地跑来跑去。朋友们知道了这个消息后都向我祝贺。其实，当初在浏览就业网站、制作简历时，我就听说过有一个留学生足足投了 120 封简历才找到了一份工作。所以，我早已做好了多次被拒绝的准备。尽管没有投很多的简历，但还是感觉这个过程就好像一段长长的旅行一般。

完成投简历这个棘手的事情后，下面来说说我的工作经历吧。

从西餐厅老板到酒店经理

完成硕士课程之际，我收到了美国三家公司的合格通知书。最后我选择了凯悦酒店，当一名酒店经理。我能够进入凯悦，完全是因为我有经营西餐厅的经验。当初由于金融危机不得已回到韩国，脑子里一片混乱。放弃硕士课程，被迫管理家里的事务，接手西餐厅时我就经常暗示自己："事情已经这样了，不管怎样都要尽量做好。"我就是以这样的心情去收拾残局的。

但再次回到英国后，我就开始觉得很委屈。因为我不得不面对思维定式以及两年的空白期。那本该是我人生中最有激情的时期，但我却未能按照自己的意愿生活，这让我感到委屈。现在的我又突然成为了落魄的留学生，在这样的现实面前我感到惊慌。

但正是那段让我感到委屈的时光，使我能够有机会进入凯悦。在专注于经营西餐厅期间，我不知不觉成了专家。我对餐饮市场有了深入的了解，并积累了丰富的经验。想不到那次的餐厅经营成为了我进入五星级大酒店的垫脚石（在高级酒店上班必须要有实战经验。管理层也要经历基层工作→Supervisor［部门主管］→manager［经理］的培养过程。但我仅当了两个月的实习生，6 个月的 Supervisor 后就升职为 manager 了，这是我事先以硕士生的身份，跟人事部协商出来的成果。韩国的学生在面试时都比较被动，但是可以试着改变这种心态，积极地去面对，尝试去提出这样的交易）。

通过这件事我领悟到了一个道理：不管面临怎样的情况，都要果敢地站出来，不能逃避。只有这样，才能获取成功。

机会不会如你所愿地自动来到你的面前。等待好机会主动找你，就等于梦想着中彩票。我所获得的机会也不是自动来到我面前的。如果现在你不能在自己的位置上做好充分的准备，那么机会就不会到来。即使机会来了，你也会在无意之间与它失之交臂。

目标
明确的投资

若以在国外就职为目标，就应该尽可能地接近可以达到这个目标的舞台。不要在远处静静幻想，而要靠近舞台直接观看。只有这样，才可以坚定目标，谋寻方法。正所谓“读万卷书不如行千里路”，亲身经历才可以让自身更加坚定。

确定目标与方法后，接下来就是坚持，是向着目标的那份坚持，是不为他人所动摇的那份毅然的坚持。草率的判断或与他人的攀比，只会让自己怀疑目标并倦怠自我。

我们国家的人们很喜欢与人攀比。这正是我们的致命弱点。其实，我们习惯于攀比与被人攀比，也许是在狭小的国度里折腾着生活的原因吧。谁考上了哪所大学，谁在哪家公司上班，谁赚了多少钱……

为放下“攀比”的包袱，不妨制订到国外就职的目标，尽快动身离开吧。是因为需要准备的东西太多而犹豫不决吗？还需要准备什么呢？在这里若没有未来，即刻离开吧。是没有钱吗？若是男人，即使是苦力工也要做。是女人就不能做吗？工作满天下都是。认真工作 6 个月也能赚到飞机票和 6 个月的生活费。先动身离开吧，向成功的舞台进发。当然，了解那个舞台是十分重要的，而且要迎难而上。

现在想出国的大部分学生都是语言研修生，他们根本没有想过要在国外就职或拿着奖学金去修读硕士、博士课程。对此，我感到十分失望。语言研修是计划，那么在国外就职是梦想吗？人们普遍认为，计划是可以实现的，而梦想是不能实现的。其实，所谓的计划有很多时候也不是能保证万无一失的。

环视周遭，能够按照计划取得成果的人寥寥无几。

比起计划的结果来说，大部分人只是满足于制订计划的过程。他们认为，不纠结于结果，只求尽力而为，这不就可以了吗？

那么，计划与梦想的差异是什么呢？容易得到的是计划，难以实现的是梦想吗？什么容易得到，什么又难以拥有呢？在未尝试之前就断定某事是困难的，其依据到底是什么？在国外进修语言学后归来的数万名学生，都在国内成功就业了吗？我想说的是，与其制订空洞的计划，还不如报以远大志向。远大志向反而会使自己变得更强大。饭碗的大小由自己决定！希望大家千万不要事先就限定自己的潜能。

凯悦，靠清醒剂坚持

一望无垠的雪山，无论怎么清扫，每天早上都会有堆积的雪，只能在明信片上看到的美景，还有酒店……

位于落基山脉的凯悦酒店聘用的实习生总共有 70 名，其中只有我是亚洲人。我十分担心，担心自己是否能以亚洲的荣誉把事情做好。

其中，思乡之情最让我无法释怀。在打听实习生职位时，由于心里着急，没有考虑到工作地点的问题。其实，我非常担心在乡下的生活，尤其是在寸步难行的乡下。在收到英国克兰菲尔德（Cranfield）和阿斯顿（Aston）两所大学的录取通知书后，我苦恼了很久，不知要去哪所大学就读。虽然克兰菲尔德（Cranfield）大学是英国名副其实的第一商业学校，但是这所学校由于与农业大学在同一个校区，所以方圆距离一小时路程的地方都是农场。就是由于这个原因，我最终选择了阿斯顿（Aston）。阿斯顿（Aston）位于伯明翰市中心。对于在澳大利亚受尽思乡病折磨的我来说，这是个不二的选择。但是，就这样进驻了落基山，我是多么的担忧啊！

电影里偶尔会出现学生们靠吃清醒剂学习或医生们靠吃清醒剂上班这样的画面。小时候，觉得这样很帅气，所以心想我也要吃一次清醒剂。确切地说，并不是真的想要吃那种药，其实是想体验一下全神贯注于某样东西的感觉。

在英国，人们十分依赖可乐或咖啡等咖啡因饮料。事实上，学习时由于不需要频繁的肢体活动，所以并不会由于肉体上的疲劳而无法入眠。但是，在美国，特别是晋升为主管（supervisor）之后，我得经常吃清醒剂。由于满满当当的日程，整天睁大眼睛工作，很是辛苦……通常，我会在凌晨 4 点起床，接送车（pick up 车）四点半到家门前。到达饭店后，还要准备早晨宴会。当别人还沉浸在甜美的梦乡中时，我们就已经开始睁着惺忪睡眼忙碌了。

尤其是冬天，滑雪者们蜂拥而至，因此要准备数百人份的自助餐食物是很正常的。同时还要做装饰餐厅、检验食材、配备服务等工作。

每天早上7点，我们都一如往常地打开自助餐厅，以微笑和雅举来迎接客人。客人们在安静地就餐时，我们还要在宽敞的自助餐厅里忙活，检查所有的东西。哪张餐桌上没咖啡了，哪种食物被消耗得所剩无几了，孩子们有没有在跑来跑去，所有的服务人员是否在坚守岗位……

就那样绷紧神经工作两三个小时后，直到上午10点才能吃上早餐。这时已经饿得无暇顾及食物的味道了，就那样塞进嘴巴里。回到家时就已经是正午了，一到家就倒在床上，几乎没缓过劲儿来，3点钟又开始上下午班，又开始准备晚宴。到结束晚宴时，就已经是晚上9点了。若运气好，9点就可以下班。可是，很多时候事情很多，直到凌晨1点才能下班。若没有车，酒店会请警车把职员送回家。我偶尔也会搭乘警车。

工作如此的辛苦，所以公司也考虑让员工一周休息两天，但现实中那几乎是不可能的事情。一直继续着这样的生活，我发现很多时候，清醒剂比三餐更加不可或缺了。有时想挤出时间补上落下的功课，却发现自己双眼凹陷，眼前很模糊。

清醒剂确实能缓解肉体上的疲劳，但仍旧不能让人保持清醒的头脑。长时间不睡觉，就会发现判断力也减弱，最后导致工作效率低下，说话含糊不清，看书也是囫囵吞枣。偶尔犹如行走于云端，轻飘飘的，身体不受控制。

有一次，由于过于疲惫，还被台灯烫伤了胳膊。伤势挺严重，直到现在烫伤留下的伤痕还清晰可见，可我当时连尖叫声也没能发出。因为太累了，以至于都不知道发生了什么事情。一开始只是从胳膊传来灼热的感觉，过了一会儿，才把胳膊挪开。当时大约是凌晨两点，因为要准备关于“消费者行为学”的考试，所以我借助药力，勉强坐在书桌前。由于那样，我病倒了，也因此，我得以完整地休息了两天。我第一次因受伤而如此开心。睡了一天，学习了一天，之后便回到了正常生活之中。

药物可以使人清醒，但那种清醒只不过是让人如行尸走肉般在似梦非梦的混乱中行走。值得庆幸的是，现在的我不必依靠药物保持头脑清醒。

一天，我被派到总服务台，那天我熬夜上班。酒店的旺季要超乎一般人的想象。由于旺季与淡季的销售有极大的差异，从酒店经营层面来说，正式职员的数量有限，无法满足旺季的需要。

因此，旺季时酒店设有季节性临时职位 (seasonal job)，若还没确定自己做哪行时，不妨试一试，这也将会成为一次很好的经历。

总之，由于旺季时缺乏人手，所有的正规职员都要穿梭于各个部门之间。那天说也奇怪，来了一群日本团体游客，酒店爆满。大约凌晨两点，我接到了来自前台的求援电话。

来到前台，我看到一个中年日本人和酒店职员尴尬地站着，互相无法沟通。人们想当然地认为，同是亚洲人的我能够解决问题。可是，那位中年日本绅士向我重复了 10 分钟同样的话语。

日本人：一个支个米（音）

我：Pardon? What can I do for you?（抱歉，我能为你做什么？）

我简直无法想象“一个支个米”是英语。结果后来才得知，那位绅士说的不是别的，而是“Excuse me（抱歉）”！

在澳大利亚时，也经历过类似的事情。一天，一位来自中国台湾的朋友和一位日本朋友对我说，“一起去’马顿那（音）’吧”。据我所知，附近并没有叫“马顿那”的地方。我问是否是酒吧，但他们说不是。我们 3 个都将那名称重复了一遍。

我：马顿那?

台湾朋友：马克多那（音）？

日本朋友：马格诺那日多（音）！

澳大利亚朋友 :Yeah! I got it! McDonald' s!（哈！我知道了，麦当劳！）

这并不是件好笑的事。观察各国的发音特性会发现，每个国家的语言特性都原原本本地体现了出来。首先，日本人用“g”代替“r”音，操一口日式英语。其次，中国人说英语时，夹着汉语里特有的四声，让人感觉似乎是在听汉语。韩语由于存在格外短的辅音和既饶舌听起来又不太舒服的浊音，所以每个人都操着一口粗重且没有语调的英语。然而，比起菲律宾人和印度尼西亚人说的英语，我们说得还是比较容易听懂的。他们会将音发得含糊，然后从头到尾加入‘rrr’音。

现在想想，这就是因各国发音的特点不同所引起的笑话。

身心俱疲时的支柱

那段时间，我为自己能够按照自己的意愿，轰轰烈烈地活了一回而感到骄傲。虽然嘴上常说想回到过去，但我绝对不想回到那个时候。一想到要再次经受那种痛苦，我就心惊胆战。正如“人不能两次踏进同一条河流”所说的那样，我没有自信再重新活一次二十几岁。

无论是在国外还是国内，每当身心俱疲时，我常反问自己：“我要这样劳碌奔波到什么时候？”可笑的是，答案通常都是一样的。一个人郁闷时，坐在房间角落里颓废一两天，厌倦了就站起来。

“没什么大不了的，若真的感到累了，自己就会歇手。现在还好端端的，看来还是装病，若抓狂或累到病倒了，自己会办歇手的，之后便会安安逸逸地过完余生……但那样的生活也会让人感到很无聊的。”

就那样每每颓废过后，我要做的第一件事就是打扫。要是平时，我连扫帚都不碰。特别是朋友来访时，我会用脚把杂物拨开，挤出空间让朋友坐。这样的我雄赳赳地开始清扫房间。打扫是小时候的习惯。精神上受伤之后，肉体的劳顿会让我觉得痛快，就好像是使尽了吃奶的劲，要把眼睛里的灰尘吹出来一样。我汗流浃背地把房间打扫得一尘不染，过后一看，那份释然和整理后房间焕然一新的感觉使我感到畅快。

在澳大利亚时，还真是血气方刚。从没被学习牵绊过，也没为因打工而感到筋疲力尽等诸如此类的问题烦恼过。但在英国时的生活让我感到害怕。刚开始的几个月，为赚取生活费而被迫打工，但因过于辛苦而辞职了。看书时，精神无法集中，视线一直停留在同一行字上，而且就连那一行字也无法消化，为此我感到无比绝望。我就像没电的钟表一样苦苦挣扎摆动着，用凹陷的双眼看着备受煎熬的自己，火气直往上蹿。也许睡个觉会感觉好些，但是，由于紧张而一事无成，当然也无法入睡。就这样恶性循环着，久而久之，我因无法战胜自己而变得悲伤，再加上思乡病，虽然坐在书桌前，但精神总是无法集中，头脑一片空白，为此我感到害怕。

有一次从好朋友那里收到了一封邮件。也许是我太过矫情，回复了一些诸如此类的话语：以后再也不会离开韩国了，就随便找份凑合的工作，或者舒舒服服地讲课，像其他人一样，和朋友见见面，开心地去购物等。

朋友给我回信说："看来你过得很辛苦。就算跌倒了也不吭一声的人，竟说出那样的话，我非常担心。别太认真了，回来吧。"

生活达人生存小技巧

我知道有很多人都对留学生活抱有幻想。但说实话，留学生活相当辛苦。也许有些经历过留学生活的人会说："国外生活有什么辛苦啊，小菜一碟。你是不是在吓唬人哪？"若没有相当大的决心，留学生活是很艰难的。

可我想说的是，在国外因学习而受到压力是幸福的。首先，学校是以学生为本的地方——也许大部分的学生会以各种方式表达自己对学校的不满。曾在澳大利亚和英国上过学的我，也不是对学校百分百的满意。还曾没完没了地抱怨，比如说，"这不是学校，而是企业"，或"托我们学生的福才得以维持，并且威名不减，对我们学生拽什么拽啊"。

然而，工作之后才知道这是一种幸福的抱怨。上班就知道了，一句抱怨也说不出口的。对于上班族来说，不能有个人情绪。那只是个人的事情而已，即便是说出来也没人理会。尤其是在国外就职时，必须承受由于不能自由沟通而受到的压力。无论英语说得多好，着急时也会语塞，特别是犯了错误必须要解释说明时更甚。在生气的上司面前说出结结巴巴的英语，只会是火上浇油。艰辛的他乡生活之痛苦，就像洪水一样汹涌而来。

在国外生活时，在韩国无法想象的各种各样的事情也会渐渐地显现出来。先是一看到从薪水（paycheck）中扣除的零零碎碎的费用，就不由得唉声叹气。接着是房租、午餐费、保证金、税金……哪来那么多的税金种类呢，数也数不清。此外，一个人生活时所需要的基本生活费和应急开支，加起来也要花掉不少数目的钱。所以打折时，必须要带着写得满满的购物清单奔走于货架之间。

既然话已至此，就再聊一聊税金吧。由于美国各州的税金种类和税额都不相同，所以不仅无法详细说明，也无法确切得知。但是，我可以分享一下我的实习经历。

首先，在就职之前有岗前培训。这时，就要和政府里的人进行简单的会面。这只是一个形式，主要是为了讨论 Social Security Number（相当于韩国的居民身份证号码）和税金问题而安排的。

政府的工作人员会叫你选择税金的种类。像我的情况，公司里没有完全了解税金信息的人。最好的方法是询问公司主管会计师的电话号码后，再向他咨询，若连这也嫌麻烦，就直接填写一个你最熟悉的号码就可以了。

简单地说，从 0 到 9 这 10 个号码中，选择一个你认为最适合自己的号码。若选择 0，一整年税金一分也不用交，但要在税金结算月——四月，一次交清一年的税金。若选择 9，几乎就相当于没有月薪，但是四月份时可以领取很多的税金返还金，所以也算是一种储蓄。

我选择了 2。每月都交税金，四月份时可以领取少量的返还金。但问题是，申请返还金几乎要花掉 150 美元，因此，有可能会得不偿失。

YOUR CHOICE

PART4

未来掌握在自己手中

YOUR CHOICE

（你的选择）

在世界舞台上放飞梦想

每年一到毕业的季节，总会出现“就业动乱”的局面。受形势所迫，很多人为了使自己更具有竞争力而选择了出国留学。每年都会有无数的二十来岁的年轻人、留学生向海外进发，可是今天的他们又在哪儿呢？

现在的求职履历上都会写上“是否有海外进修经历”这一项。可是，成功就职的人都有过国外深造的经历吗？数以万计的“海归派”在回到韩国之后，都找到了好工作吗？

当然不是。所以我想劝告大家，与其在小小的国家里拼个你死我活，不如进军海外市场，到国外就职吧。但这也不是那么简单的。看看无数的年轻人在结束了国外的学习后，却又重新回到韩国这个拥挤的舞台谋求生路就知道了。最终，只是让别的国家占到了便宜。

因此我奉劝现在的年轻人，既然选择了海外深造，那就不要再回到已经饱和的韩国市场，而是把世界当作舞台，放飞自己的梦想吧。于我而言，国外就业是极具吸引力的，它意味着能拥有一个全新的开始。不是名牌大学出身的我，想要在学历至上的韩国社会中拥有立足之地，并非易事。但若是在国外，我就可以不受这方面的困扰，可以充分展示自己的实力，并得到认可。这正是我勇于挑战的最大原因。曾看过这样一则报道，大公司对于地方大学毕业生和女大学生的履历，通常是看都不看就拒绝了，这就是韩国的现状。

我，身为首都地区普通大学出身的女大学生，要和名牌大学出身的男生们竞争，有谁会拿正眼瞧我呢？在韩国，学历就已经注定了你的一切。想要成功，势必要付出很长时间的努力。

而且，像韩国这样的小市场，无法容纳下国内所有的人才。在此，我想强调的是，如果我们能在这样竞争激烈的环境中脱颖而出，那么就说明我们的实力还是挺强大的。

这个国家仅以唯一的标准去衡量年轻人，我为他们感到惋惜。他们的潜力无限，他们拥有梦想与未来。在不予以自己足够重视的社会里，他们没有理由坚守在自己不喜欢的岗位上。所以，给自己机会，成为自己人生的主人吧。

正在为出国做准备的后辈们，以及还在国内为没找到自己的位置而彷徨的人们，现在，我将问你们一些我在国外生活时也曾问过自己的问题。

23 岁！有了新的梦想，却无力寻梦。想要承认现实，却不甘低头。以前的我就是这样……

偶尔，我会想想明智与聪明之间有什么差异，然后得出我是聪明而非明智的结论。我认为，聪明是指头脑机灵，而明智指的是富有智慧。如果我是明智的，当初就不会在没有把握的情况下，贸然开始漂泊的生活。

明智与聪明大有不同。明智的人会权衡付出与回报，计较得与失，不会踏上艰险的人生旅途。他们遇事不强求，不会勉为其难。聪明人恰好相反，他们会找到通向目标的路，一直盯着目标前进。他们不清楚还要走多远，也不知道什么时候才能停下来。所以，聪明人比明智的人活得更苦、更累。

你是个聪明人，还是个明智的人呢？若还没有答案，现在就该好好想想这个问题了。

你是否对与他人之间的差异十分敏感？是否深知自己所

处的位置，勇于直面现实？是否常常处于中上游位置？如果是这样，那么你就是明智的人。

如果你多少有些鲁莽，有不懈追求自身价值的胆量，有哪怕一次违背过多数人的价值观或是判断，对自己的潜能坚信不疑，那么，你就很有可能是聪明的人。

若你倾向于明智，那么我劝你无论是什么样的工作，还是尽快就业吧。因为以你那低落的斗志，是无法赢过聪明而又鲁莽的人的。因此，在根据现实利益制订长远计划的时候，还是选择厚积薄发，踏踏实实地坚守自己的岗位吧。如果想要做一名咨询顾问，不必觊觎大企业的位置，在小公司里开始工作就可以了，因为这样更容易让自己脱颖而出。久而久之，还可以成为有资历的公司职员。

明智的你是决不会期待华丽登场的，耐得住平凡也很重要。人与人之间的比较是无止境的。把一个与自己迥然不同的人当作比较的对象，这是不现实的。因此，不要拿自己和一夜成名的朋友作比较。

接下来我想谈论一下“问题少年”。他们坚信自己是与众不同的，想给自己更多机会；他们虽还未能证明自己，但仍相信自己能行；他们聪明且野心勃勃。我做出这样的评价并不是因为我也属于“问题少年”，而是觉得，吃吃苦头也不坏。

不知有没有人记得徐太志的名为《幻想中的你》这首歌：

……你的幻想

你只有心是了不起的

这样的内心很危险

让你只是一味地对自己说“我能行”之类的大话

但你现在又是怎样一副模样

……你只想躲在房间的某一角落谈论人生

这是我最喜欢的歌词。

实现华丽的转身，以全新的自己重新挑战吧！

回顾自己的人生，究竟有过几次真正的挑战呢？不是考大学这种硬性要求的挑战，而是自己选择的、给自己的人生带来转变的挑战。现在，有必要回头审视自己了。同时，还要了解自己是如何迎接挑战的。

人们通常所说的挑战都是虚幻而渺茫的，蹩脚得似乎与自己毫不相干。在我看来，挑战就是破釜沉舟。想当初，在英语零基础的情况下踏上澳大利亚的土地时，在未定好去处的情况下背着巨大的背包前往英国时，突然接管餐厅时，硕士毕业前夕每天把几十封简历寄往世界各国的时候，我都没有具体的计划和足够的自信，只是因为没有了选择的余地，所以最终连苦恼也省了而已。

把自己逼入绝境，大大小小的挑战就成为了可能。每个人都具有顽强的生命力，不管遇到什么样的困难，都能迎刃而解。想将自己的能力发挥到极致，那就要把自己逼到绝境，否则永远没有机会了解自我的极限。

抛开不足挂齿的家庭背景吧，如果不是足以养活你一辈子的财产，那还是趁早把它忘了。学历不是挡箭牌，也不要抓住那半通不通的才能和兴趣爱好不放，否则，这些微不足道的底子只会成为你的绊脚石。

之后，当你对这片土地再无留恋，没有什么可以再失去时，就是时候离开了。如果你还为自己留下回头的余地，那必定会两手空空地回到原地。回来之后，有谁能禁得起不思进取、随遇而安的生活的诱惑呢？因此，一定要毫无留恋地离开。

“你是甘愿平凡地度过余生，还是甘愿忍受苦苦挣扎、艰难奋斗时的孤独寂寞呢？”

出国本身并不是一项挑战，因为我们的人生并不会因为出国而变得特别。进军海外只是我所知的一种挑战方式。无论何事，不都始于幼稚单纯的行为和信仰吗？

想要挑战国外就业的人，若没有以上所提及的决心，也没有进行过自我分析，是绝不可能衣锦还乡的。

“在这一隅之地上，就业人口远远多于就业岗位！”

行事果断，敢于迎难而上

如果有人把这当作是无法就业的借口，那就不要奢望这些人能把世界当作自己的舞台。在这个世界上，比空气还要多的就是我们的竞争对手，微乎其微的是赋予我们的时间与机会。

如果无法决定一切，那我们就迎难而上吧。要收集信息、不断学习，使自己具备基本的竞争力。天下没有免费的午餐，混混沌沌地度过一年或是整个大学生涯，总有一天要为此付出代价。跟着别人的步调走，领着和别人一样多的工资，梦想着拥有小幸福的人们，是绝对无法超越别人的。我在具体构想到国外就业之前，就已经收集了所有相关信息。因为，一旦我下定了决心，就不会在起点上输给别人。

有些人如果不能马上看到结果，积极性便随即下降。比起碌碌无为的人，能持之以恒积累经验的人会走得更远。纵然是没有把握的事情，抑或是无法达到的目标，但只要付出了，就一定能得到相应的回报。这是我二十几岁的时候悟出的道理。

我喜欢“破釜沉舟”这句话。但我认为，破釜沉舟的不是我，而是韩国的年轻人们。我们的年轻人真是戆直，向唯一的标准看齐，以单一的方式一直向前冲。在统一的学校教育中得到评价，以高考成绩决定今后在社会中的地位。他们没有反抗，也没有寻找别的出路，而是一直努力地要在这样的模式中出人头地。这需要多么大的毅力啊！

世界上除了托业[11]成绩和学历以外，还有很多重要的因素可以决定一个人的未来。但在韩国，仅凭这两项就决定了一个人的就业以及其他所有的问题。即便如此，还是有很多企业招不到有用的人才，有很多年轻人找不到工作，真是叫人郁闷至极。

---

[11] 托业：国际交流英语考试，是针对在国际工作环境中使用英语交流的人们而指定的英语能力测评，由美国教育考试服务中心设计。目前，韩国政府部门均已采用 TOEIC 考试来评估公务员的英语交流能力。——译者注

有些人认为自己的英语是否能够运用到实际中去并不重要，只要简历上填写的分数够高就可以了；对于什么是英语，美国是怎样一个国家毫不在意，只是一年 12 个月里一味地穿梭于英语会话辅导班之间。与此同时，他们坚信：“我在努力地生活，一切都会变好的……”这样的盲目不是破釜沉舟，又是什么？

你的梦想是什么？考上名牌大学？在外企上班？成为富翁？或者是过上哲人般高尚的生活？正直地过日子？拥有朴实的幸福？又或者，你根本就没有梦想？

现年 30 岁的我，梦想就是考上哈佛大学。看到这，也许有很多人会取笑我，但梦想不正是这样的嘛，幼稚而又虚幻……许多人一提到梦想就开始退缩，如此一来，梦想就无从实现了。我最担心的就是和别人进行比较，一旦把周围的人当成比较的对象，自己就无法走得更远了。

“噢，他在学校的时候就不如我，现在竟然进了大公司？不行，我也该就业了！”

“什么？她托业考了 900 分？我也要学习英语！”

以这样的态度，是无法守卫自己的梦想的。梦想的第一步就应该不同于别人。符合年龄、顺应现实、大众共有的梦想，都不能成为自己的梦想。与别人完全一致，是无法实现自己的梦想的。若没有特长，没有实力，又该从哪里出发呢？那就从仅属于自己的梦想起步吧。孕育着不同于别人的梦想，并坚持为之奋斗，可以让自己变得与众不同。

在这个世界上，所有人带着旗鼓相当的实力，奋力扑向相同的梦想，而要是没有特别之处的你也加入其中，又会获得什么呢？

换一个角度看世界吧。你会发现在这个世界上除了站在长龙般的队伍末端得到的收获之外，还存在更多宝贵的东西。

竞争力，靠自己

什么是竞争力？曾看过一份问卷调查，说一家公司里80%的职员都认为自己具有竞争力。但事实上，那只是他们自己认为的，而并没有得到外界的认可。没有得到证明的竞争力只是自我安慰，是一种假象。

我知道自己能力的局限在哪里，也就是说，我懂得野心勃勃而缺点多多的自己该如何生存下去。

我不是特别的聪明，外貌也平平。说到唱歌，我也并不在行。换句话说，我并没有什么出众的地方。虽然如此，但我的自尊心却很强。

如果你甘愿一直为出众的人欢呼鼓掌，并且不会为这样的生活感到困扰，那就不必让自己活得那么累了。但不幸的是，我刚好是野心勃勃，看到别人成功就耐不住的人。

我曾像每个人一样，相信自己是特别的，只是没有机会去证明。所以，我想要拥有一种魅力，一种看得见的魅力，它能把我所有的缺点都掩盖住。一旦有哪怕一种与别人不同的竞争力，那你就取得了一半的成功。因为，至少你能知道该从哪里入手。

我从自己的性格和书本中发现了自己的竞争力。中学的时候我不学习，终日埋头于各种课外书中，哲学、小说、漫画、武侠全都读过。随性、疯狂的阅读让我成为了学生记者。虽然一周只能刊载一段，但我仍然很努力。也曾想过自己是不是在毫无意义地与各种各样的人打交道，但是这一时期打下的人脉基础对我后来经营西餐厅提供了很大的帮助，而经营西餐厅的经历也为我申请 MBA 提供了强大的后盾。无论是什么事情都能不计得失地努力去做，正是这样的性格使我具有了竞争力。

当初去澳大利亚的时候，也并没有想过要学好英语，并以此找一份工作，只是拼命地学习，大概是为了弥补之前不努力学习留下的遗憾，抑或是为了让自己变得忙碌起来。就这样经过持续的努力，我达到了做口译的水平，而这也为我回国后成为“郑哲外语学校”的讲师提供了很大的帮助。

在所有做过的工作中，并没有哪一份是我选择的，我只是逆来顺受地接受它们罢了。我从来没有过“这点小事有必要用心去做吗”这样的念头，只是想着，如果我不做这个，那现在一定是在睡觉，或者是在和朋友闲聊。

现在的你不尽力做好手头上的事情，一定是有理由的吧？但这个理由充其量不过就是“这些事不会长久地做下去”。这正是最寒碜的理由，因为它会让你回避，而不会给你带来发展。你是不是在以它为借口，喝酒打发时间呢？

即便是不起眼的小事，也要尽力把它做到最好，只有保持这样的姿态，才能获取更多的机会。这就是人生的法则。因此，有必要把目光放得更远，做好长远的准备。未来会发生什么变故，谁都无法预测，若不想错过机会，就要随时保持紧张的状态。

如果你在一天 24 小时里，哪怕有一丝做事要适可而止的想法，那你还是抛开到国外寻找机遇的念头吧。随随便便就想登上舞台的人，是不会拥有自己的舞台的。

我常常下定决心，人生中的低潮要由我自己来决定。其时间和地点也要由我来定。我会在计划的时间里落魄，在想要的时间里登上我的舞台，再在我定下的时间里落幕。

我认为，人生是公平的。每个人的人生都会经历黑暗和光明，既有绝望，又有幸福；既有当主角的时候，也有当临时演员的时候。不要让周围的环境或是他人成为绝望的理由，因为这样的绝望不仅让你吃力，而且让你凄惨。也不能有“活着活着，幸福的日子就来了”这样的想法，因为这样的幸福是稍纵即逝的。

硕士毕业前夕，等待就业的每一天都无比的暗淡。在那3个多月的时间里，我每天都在不停地投简历，甚至无数次想过要不要就此回国找工作。

我在25岁时放弃炙手可热的英语讲师生涯，以及在毕业后没有选择直接回到韩国，是因为我认为，它们都不是我的舞台。这是我人生中低迷的时期，是我所选择的黑暗的时期，是为了迎接我下一次的华丽绽放而经历的时期。

在国外上学的时候，我结识了很多新入学的韩国留学生。他们之中有不辜负留学机会认真好学的，但也有许多人终日与同伴们无所事事地混日子。

每当看到这些颓废的留学生，我的眼前就会掠过他们未来的模样：轻松度过留学生涯后回到韩国，一时间受到周边人的追捧而变得飘飘然；有了留学的特别经历，与久别重逢的朋友们相处得也很愉快；终于要面临就业问题了，堕落已久的他们只能再次辗转于各种培训班之间……

国外留学的机会以及之前努力而获得的才能就这样浪费了，这种例子比比皆是。他们在目标还未能实现时就开始自满，无法压制住放纵自己的欲望，所以才造成了这样的后果。登上舞台后的他们，还未来得及展开梦想，就被推下舞台了。

在孤单漫长的留学生涯中，难免会有心急的时候，但如果提前把还没煮熟的米饭都吃掉，那就永远没有机会吃到熟透的米饭了。

性格，由自己塑造

你是一个性格内向的人，还是性格外向的人呢？国外生活中，性格是最重要的武器。

我并不算是一个社交型的人，但我会在必要的时候调整心态，变得主动亲和。否则我的助教又怎会以开玩笑的口吻说道：“天啊，第一次见到有社交恐惧症的讲师！”

说实话，与他人的交往令我感到有负担，它让我感到疲惫。因此，与人交往给我带来的并不只有快乐。但是，我仍会把日程排得满满的，每天见很多人，朋友们都对此感到不可思议。

我认为，性格既是天生形成的，但也可以对它进行后天的塑造。因此，没必要为了自己内向的性格而苦恼。国外生活会给性格内向的人提供很好的挑战舞台。在一个陌生的地方塑造一个全新的自我，这是一件充满吸引力的事情。

转变性格的人能够享有他们独有的优势，那就是可以把两种性格的优点集于一身。内向性格的慎重与外向性格的行动力相结合，便可以客观的角度去看待和解决问题。当然，性格的转变不排除会出现最坏的结果，即内向性格的胆小与外向性格的冒失结合起来的情况。

我所拥有的只是“我”自身，它既是财产，也是商品，我要凭借着它活下去。身体和头脑是我全部的财产，我要用“性格”去包装它，然后向外界展示自我。如此说来，性格就是一张包装纸，我们所做出的选择及其带来的后果都要我们为之负责。

如果能这么想，那我们在提到自己的性格时就不用再自我感伤或是妄自菲薄了，而是可以把改善性格当作是一个目标，努力去实现它。

致力于打造自我、追求梦想的人，就要明白天下没有免费的午餐。想要获得成功，自然要从自己的包装纸——性格出发。

只要努力，未来会属于你

每个人都会对未来持有恐惧心理。因此有很多人为了以防万一，都想把一只脚放在安全的门槛内。留学生们的情况更是如此。下决心出国并不容易，出国不仅要消耗大量的时间和金钱，还要考虑回国后的事情。一想到不甚明朗的未来就头大。

奥修·拉杰尼希[12]的《肚脐》是所有让我深有感触的著作之一，书中有一段内容如下：

---

[12] 奥修·拉杰尼希（1931年~1990年）：奥修运动（Osho movement）的倡导者，该运动着重于性灵与哲学层面，颇受争议。——译者注

人一出生，就开始用周边伸手可及的石头筑成一道一臂之远的围墙。围墙越筑越高，把人孤立起来，人看不到外面的世界，外面的事物也进不来。于是，人便开始动手把这道围墙拆掉。而围墙被完全拆毁的那天，人也就迎来了死亡。

当然，这与原文会有所不同。因为我在阅读的时候习惯用自己的语言去解读那些文字。

人们总是会本能地自我保护。可是，这种保护也许会成为自己最大的绊脚石。

当初我前往澳大利亚的时候，决心结束讲师生涯开始英国行的时候，放弃西餐厅老板的位置再次离开韩国的时候，只身一人搭上前往美国的飞机的时候，再次决心回到韩国的时候，我都没有刻意地要去计划这些。每一次，我选择放弃的这些东西，反而能给我带来安定的未来。

可是，我每次都选择了离开。我依旧年轻，如果一直停留在这些地方，剩下的人生对我来说就会变得无比的漫长。再怎么辛苦，也会比这样年复一年地过着一成不变的日子强。很多人在离开之前，都会恐惧那未知的未来。在那里可以平安无事地度过吗？可以实现目标胜利回归吗？回来后能顺利就业吗？如果答案都是肯定的，那谁会不去呢？未来，并不是说人到了国外就能拥有，它取决于我们在国外的行动。因此，不要无谓的担心，而是应该为能拥有这样的机会而高兴。

从出生到现在，我们都接受着同样的教育。我们被要求接受同样的管教，并以同样的面貌生活。如果做得好，我们就能跟上社会大流。但是，我们不能因为没能加入到大流之中，没能走好第一步，就把人生活成非主流[13]的模式。我在前往澳大利亚的时候如是想。

“这是个机会，我要趁这一次改变我的人生！”

有梦想的人，出发吧！你要挑战的是更广阔的世界。未来属于你！

---

[13] 此处指的是，被大众所不能接受的，认为异常的，不符合常规的事物；而不是年轻人另类的打扮穿着。——译者注

我的焦点
就是我自己

有时候，会一连几天陷入无边的痛苦或是孤独之中。每每这时，我总会顾影自怜，安静地看着镜子里抱住膝盖蜷缩的自己。

我分不清我的狼狈是来自孤独寂寞，还是来自我那坚定不移的执著。这让我感到迷茫。每每看到别人分享成功的喜悦，我就会受到刺激。甚至在看选秀节目的时候，那些歌手都能激起我的竞争心理。

我是一个平凡的人，我没有特别突出的才能。但即便如此，我也不想平凡地度过人生。也许我就是一个渴望展现自我、渴求物质财富的俗人。

所以，我还在不断向前，无法停止。说实话我很害怕。我甚至无法得知自己是真的在前进，还是这一切只是我的一相情愿。

只要一松懈下来，我就会担心自己是不是迷失了方向。想想以前和时间赛跑的日子，最近的生活让我心悸。我明白，现在的幸福并不属于我。我不会满足于这样的幸福，我要不知疲倦地继续前进。

2003 年，30 岁的我考虑再搏一次。也许这是最后的机会了，是我为实现梦想做出的最后挑战。现在开始，我将不再给自己留退路，我要破釜沉舟。如果失败了，我将背负着这副躯壳沉重地度过剩下的人生。

说要写书，这让我陷入了为难的境地。因为，我已经有 10 年没读过书了——能让我审视自己的书。

对书本情有独钟的我要完全戒掉读书是件很不容易的事情。所以，我开始用一些内容轻松的书，如漫画、历史小说等，去代替以前那些思辨的、厚重的书。对那些鼓舞斗志的书看都不看一眼，也不去读那些哲学名著甚至是随笔，只是读一些能够让我缓解对书的渴望的东西。

因此，我不知道该写些什么。可即便如此，也无法促使我鼓起勇气，去重新拾回我遗失的语言和思维。

于是，我开始转向网络，试图寻找不触动我伤口的、其他类型的文章。其中，我发现了有趣的一点。网络语言都简洁、直率，并没有那些绕得人晕头转向的语言游戏之类的东西。

以前的书文字细腻、语言精致而富有创造性，而现在的书则倾向于轻松自由的风格。没有过于华丽的辞藻，没有冗词赘句，就连要说的话也省略着道出；不冗长，不绕圈子，直截了当。这样的语言正是现实世界的写照。

回国后，最让我苦恼的就是英语了。与在国外时完全用英语进行日常交流不同，在国内除了讲课之外，其他时间里并不会用到英语。因此，我也常常会在不知不觉中就使用了韩式英语。这让我再次感受到了韩式英语的可怕。

举个例子，如“Please send me e-mail（请给我发邮件）”，很多人在说英语时常常会犯这样的错误：没有冠词，因找不到适当的单词而导致文句冗杂，时态前后不一致，只有主语和谓语的粗糙的句子……

感受到危机的我虽想多看些有线电视来弥补，可是常常由于时间太紧而未能如愿。每当这时，我就用听写来代替。

人们都说我很强悍，或是说我很勤奋，还问我为什么可以只睡那一点点时间。有些人甚至把我称为“工作狂”。听到这些，我不由得笑了。

我原本是个很懒的人，也很喜欢睡觉。高中的时候由于睡得太多，妈妈还跑到算命先生那里去帮我查找原因。我就是这么喜欢睡觉。现在对我来说，最幸福、最舒适的休息方式就是睡觉（近段时间我的平均睡眠时间只有四五个小时）。

从小嗜睡的我在开始国外生活后，就睡得很少了。不知道自己为什么会对睡眠这么恐惧，每天打工或是学习到很晚，就是为了逃避它。直到累得不知不觉倒下了，我才能睡上那么一小会儿。

回到韩国后，能睡的时间就更少了。每天课程一节连着一节，直到晚上 10 点后才能结束。

可是，水不流会发臭，人不学会落后。讨厌腐臭、落后的我，如今仍然是个幸福的“工作狂”。

我人生的芬芳

长期的留学生活，让曾是电脑盲的我与电脑更亲近了。在很长一段时间里，网络成了我消磨闲暇时光的唯一工具。

每天一睁开眼，就开始用电脑浏览新闻；洗澡时，也会听着电脑里的音乐。只要有一台小小的笔记本电脑，我就可以在任何地方生活。有时候看到这样的自己会很吃惊，可是，这不正是我们这一代摸索出来的生活方式吗？

经济学里有“niche market[14]”这样一个术语，用我们的话来说，就是“缝隙市场”，它与“mass market”（大众市场）是相对的。

---

[14] niche market（缝隙市场）：指向那些被市场中的统治者、有绝对优势的企业忽略的某些细分市场。也译作“壁龛市场、缝隙市场、针尖市场、利基市场”。——译者注

今后全球市场是向着市场全球化、跨国企业增多的趋势发展，还是会根据消费者的具体需求而向细分化趋势发展呢？这是一个很有趣的论题。简单说来，就是今后国际品牌会比较受欢迎，还是满足个体个性与生活方式需求的品牌会比较受欢迎的问题。

我在想，网络是否就是缝隙市场发展的顶峰呢？现在的世界里，现实和虚拟共存，而虚拟的世界就是网络。有时候，虚拟的世界会比现实世界更具影响力。

人们在白天时以真实的身份活着，一到了晚上，就会撇开真实的自己，以 ID 和网名在网络世界里遨游。有些人甚至还会 24 小时都泡在网上。虚拟世界不再是虚拟的，因为它占据了我们生活的大部分。

很多人在接触网络后就上了瘾，我也一样。哪怕是一天不打开邮箱或是不上网，心里就痒得难受。

但这些丝毫没有影响学习我的专业市场营销学，让我很擅长包装自己。市场营销学是一门不断发展的学问，而我凭借“我”这个商品在进行着成功的市场营销，在继续我的人生。

我获过很多奖项。若要写简历，一口气就可以写满两三页，各种各样的奖多到让有些人不敢相信。因此，我常常苦恼要把哪一些去掉。

没有一个人一出生就比别人优秀，我们都站在相同的起跑线上。能否取得成功，那就要看我们是否能把“我”制造成高档次的商品。

第一次知道现实的残酷，是在高考失败后，当时，我的感觉就是“世界真不简单啊”。

之后，我就放下了书。书是我无法面对的伤痛。对于通读了《局外人》[15]、追随叔本华而渴望寻找人生意义的我来说，现实是残酷的。我与我落魄的现实相遇了，迷茫的我找不到在现实世界里紧紧抓住人生的理由。因此，我放弃了书。我的精神在进步，可是现实世界里的我却止步不前，我被这种不协调深深地击垮了。我看到了无能的我，我无地自容。可是，这最终鼓舞了我的斗志，给了我最大的动力。

我渴望表现自我。这也许是一种补偿心理[16]，我想要在驱逐我的现实世界里去享受被驱逐后的补偿……我常常寻求看得见的刺激。有的人认为，不断的打击会把人击垮，可是，我不会被击垮。有些人在看到强大的竞争对手时会提前放弃，可是，我不会放弃，我不会向谁认输。一旦觉得自己落后了，我的自尊就会受伤。正是这份傲气与自尊，让我披荆斩棘一路走过来。

15《局外人（L' é tranger）》：法国作家阿尔贝·加缪（Albert Camus，1913～1960）的成名之作。

16 补偿心理：一种心理适应机制。在补偿心理的作用下，自卑感具有使人前进的反弹力。——译者注

31岁的我，仍在前进中

如今我在韩国的生活正逐渐步入正轨。曾经是那样魂牵梦萦的祖国……世上的一切皆是如此，在怀念的时候觉得更美好吧。这次回国，亦如在国外过着异国他乡的生活一样，陌生而寂寞。在国外生活时，若是伤心难过，至少会因有家可归而稍感安慰。但现在，这里的陌生和寂寞却只令我感到空虚。

曾经让我朝思暮想的这片热土，曾经孕育了我的傲气和狠劲儿的热土，如今为何我却在这片热土上变得萎靡不振？是因为我已经没什么可挂念的了？这样的心境让我变得更沉默，大概是因为这种想法既无以名状，也不能被理解吧。

但若将“没有归属感”此类情绪排除掉，现在的我是幸福的。因为我有可以立足的人生舞台，并且拥有了可以向人们展示的东西。

离开时的我与回归这片故土的我，已经完全不同了。逝去的岁月将一个曾被要求平凡的落魄女大学生，变成了一个年薪上亿的风光讲师。在我向其索取前，这个社会已经开始给我带来了我意想不到的东西。

年薪上亿的有名培训班的年轻女讲师！一天里需要面对数百名，多则达千余名学员的我，已经再自然不过地安身于这个岗位了。所有的事情都如此顺利，以至于让人不禁怀疑，我们的社会什么时候竟对年轻女子也这般慷慨了。接二连三地从屈指可数的大企业收到“跳槽提议”，就连世界顶尖的制药公司和一流的外国酒店也向我发来了邀请。这些天，鉴于我在英国取得了罕有的CRM（客户关系管理）专业的硕士学位，在世界咨询市场中占有率排名第一的公司也向我发来了“跳槽提议”。当一名英语讲师，还是顾问？这种苦恼让我很没有真实感。为此我常常独自哧哧地傻笑。

每天上午10点，助教们一一来到我小小的办公室。然后我就从睡梦中醒来，以惺忪的睡眼和蓬乱的头发来迎接一天的工作。习惯于平日里我干净利落模样的新助教们见到如此模样的我，在开始工作的一周里都非常吃惊。

于是不久便从他们那里听到了这样的话：

“事实上，那时看到您的模样，我们全都惊讶得睡意全无。”

开始一天的工作时，我会先和助教们一起确认当天的课程和备课内容，最后再核对我个人的日程。之后就去美容院，边做发型边确认一门课大概的内容。

到了中午常常要开会，主要是与培训班负责人之间的会议，偶尔也会有讲师访谈。有时会见见广告公司的职员们；有时会约上我的记者朋友 Yamako，我们谈论着公事或是私事，分享愉快的时光；有时候也会与和我一起运作网站的负责人们碰面。

总之，我总是被这样那样的事情牵绊，无法脱身。之后，到了下午两点半左右，又要回到写字楼备课。因为备课是我无论如何都想要亲自去做的。若没有亲自备课，绝不能站上讲台，这是我的一贯主张。

下午 4 点，我就要出发去培训班上课。晚上 10 点，每每到了最后一堂课结束的时候，我总是累得筋疲力尽，然后直到晚上 11 点才能回到家里。但这也仅限于晚上没有会议的情况。能够有幸晚上 11 点回到家的话，又要上托业英语和商务英语的网站，回答网友们的提问；还要浏览众多的网页，了解最新动向。这都是为了能与那些无法直接见面的学生交流。如此一来，往往要到凌晨 3 点之后才能入睡。

每周六会有一次七八百名学生参加的公开课，还要召开全体助教会议。我们小组的每位讲师日程都满满当当，到了周日又要聚在一起开会，准备下一周的讲义；平日里讲课用的托业录音材料要在周六准备，因此还要参与录音。若是运气好有空的话，偶尔还可以来个突击购物，或是陪着好久没有见面的妈妈去蒸桑拿。但这样的机会一个月也就一两次而已。

人们问我，不被金钱束缚的人生，超脱金钱的人生是何种感觉?

嗯……坦白地说，依靠一张 20 美元的钞票度过的日子，让我在金钱上似乎更自由一些，因为那 20 美元只是为我而准备的。但如今即使能挣千万，却再也无法从这千万元中感觉到任何属于我的东西。因为收获得越多，要支付的也就越多。所谓的品位维持费，也占据了我支出的一部分，而我在消费着这些金钱的同时并不感到幸福。难道人们都认为这样花钱就能给自己带来幸福吗?

比起那个穿着名牌服饰上课的、成熟干练的女讲师，我更怀念那个即便穿着破洞牛仔裤、啃着汉堡包，却也质朴美丽的我；比起那个花几十万韩元请朋友吃一顿饭的我，我更怀念从前那个每次回韩国，就追着朋友拍马屁讨吃的清贫留学生；比起现在因为生活而忙得晕头转向，只能每天到美容院去做的发型，我更怀念那时候没几个钱，花一整个下午在宿舍里和朋友们用直发剂 DIY 做出来的发型。

后辈讲师们经常问我，如何才能成为一名成功的讲师。他们向我倾诉自己不知是该追求金钱功名，还是该追求自己兴趣的迷惘。每每此时，我都会这么回答：

“跟着你们的心走吧”。

若总是沿着别人的足迹走下去，必然只能落后于人。自己开拓的道路，也必然有人追随。若总是通过不停地踏着前人的足迹来寻找自己的位置，虽然这是安全稳妥的路，却只能永远屈于人后。

站在现在这个位置上，人们或称我幸运，或称我所得颇多，诸如此类的话有很多。人们看到的不过是我过去 7 年里风光的异国生活，而我现在的模样不过是那时的延长线罢了。

我在那些人中间，忠实地充当着能满足他们想象的角色。这渐渐充斥着我的生活，成为我的全部，这样的我实在悲哀。因此，我想回到过去，回到我曾经漂泊过的任何一个国度都好。我想要去往一个不需要我充当这种角色的世界，作为一个谁也不认识的清贫的东方留学生，在脏乱的街道上肆意漂泊。我想要仅凭手中所握的20美元，再次感受我梦寐以求的那种愉悦。

但我明白，我已经离开得太久，走得太远了。手握20美元就能感受到幸福的日子已经回不去了，因为我已饱经世故风霜。然而最重要的是，我已经不是原来的我了，无论再怎么怀念，也回不到过去了。时过境迁，如今那时的一切也不会再以当初的模样来迎接我了吧……现在正在阅读本文的读者，你已经手握能分享我那时幸福时光的票券了。

年轻让你相信自己的潜能，让你双脚扎实地站在这陌生的土地上，为此，过多的财富对你来说并没有太大意义。世上最美好的不正是如此吗？并非所有人都只会在优越的条件和完美的环境中才会感到幸福。相信自己，并且全力以赴地突破加诸于自身的困境，幸福就会随之而来。

钱不是问题。于我而言，倘若没有清贫的留学生涯，没有穿过沃尔玛低廉开衫的那段经历，就不会拥有讲师这份工作，也没有我爱穿的阿玛尼羊毛衫。因为，不经历困苦，我就没有资格享受现在的生活。能力与金钱必然取决于我们如何利用自己二十几岁时的时间，如何激发自己的潜能，如何去享受与奋斗。一到毕业季，大家都疯狂地奔向“就业”这道狭窄的门。之后又因为担心别人的眼光，迫不及待地抓住一份工作，将自己的未来做一番规划，或者干脆安于现状。不久后，就陷入更糟糕的境地，即陷入因矛盾而产生的悔恨中。最坏的情况就是，直到对自己的选择最为悉心投入的三十多岁的年纪时，才会想到要重拾自己的人生，并因此而彷徨。

坚信那个被灌输的幸福观就是自己的追求，并为之奔跑在这片土地上，却突然在某一天醒悟过来，在悔不当初的同时又有些恋恋不舍，与其这般活着，倒不如稍晚一些启程，给自己预留一些开拓自己人生的时间和空间如何？为何要操之过急呢？ 事实上，回顾一下自己的人生，其实并不需要在感受危机和仓促中度过，不是吗？不懂得从容的人，也必定不能遥遥领先。而懂得收放自如的人，自然也懂得该如何精彩地享受人生。

二十来岁的时候，周边的朋友都找到了好工作，我的父母对此很是羡慕。每当看到他们这样，我心里就很不好受。但是，我无法确定如此匆匆就业是否是对的，因此，我以留学的名义开始了漂泊。幸亏如此，我当时才得以毫无留恋地去开拓我的今天。

一无所有、一无所知、毫无经验且不明智的二十来岁的年轻人们，如果继续留恋着这片土地，以短浅的目光评价自己，急着把自己的未来锁住，该是件多么可惜的事情。

虽然无法具体探讨，可是我想对他们说：为了寻找进步与幸福之路，离开这片土地如何？放手让自己自由成长如何？

这不是在劝告所有人都一定要拥有“美国梦”。成功不是只要到了国外后张开双手等待就能迎来的，在那里，一切都要靠自己。可是，这至少不会像在国内一样，一切都是规定好的，而我们只能任由环境摆布。在国外生活可以激发我们的挑战意识。

而且，那里是多样性的社会，各行各业都有优秀的人才。它为拒绝迎合条条框框的人，想要发掘、发展自己潜力的人，敞开了大门。它为我们提供了很好的环境，让我们不必在意别人的目光，让我们的创意得到应有的评价，让我们尽情体验、尽情感受，让我们成长。这正是我们要离开这片窄小土地的理由。

有些人认为我是因为学历情结才把哈佛作为目标，并想训诫我这种学历情结是没出息的。但是，我可以断言，我已经不再需要“哈佛”这个招牌。

前面有提到过梦想。不是有了具体的目标和回报之后才怀抱梦想，梦想对我来说是长久的、不着边际的，我想把梦留下。至于去了哈佛之后要学什么专业、今后的发展如何，我不得而知。

我能不断前行、一直保持进行时的原因在于，我没有给自己划定界限。也就是说，我没有规划我的梦想。

一步一步照计划把梦想实现之后，得到了幸福。可是，之后会怎样呢？能一直幸福下去吗？

我注定是个不懈追求目标的人。眼前有山就一定要越过，这种固执的个性虽然让我很累，可是也正是它让我有了今天的成就。我既不想包装我那稚气的梦想，也不想把它当成我的目标。现实在我的掌控之中一步步发展，可是梦想，我想把它留下。如果我再次决定离开的话，希望在幼时憧憬的地方，以最渺小、最平凡的我去漂泊。

YOUR CHOICE

附录

国外就业时，个人简历的制作，英语面试技巧

简历

人力资源部门（Human Resources）看重简历中的什么内容？

- 高效率（Efficiency）
- 一致性（Consistency）
- 职位关联性（Relevance）

制作简历的时候，可不要疏忽上面说到的 3 点。

如果要应聘部长以下的职位，就算你的经历再丰富，简历也最好不要超过一页纸。你也许会想把所有的经历都写进简历，但还是克制一下为妙。你要应聘的是职员，又不是部长，招聘方看到如此丰富的工作经历，会认为这是不是 Overqualified（资质过高，太屈才了），于是你就会被刷下来。

再说了，一页纸能说清楚的事，偏偏要写满两三张纸，他们会觉得你“没法在同样的时间里，完成和别人等量的工作”。这就是刚才说的“效率问题（Efficiency）”。也就是说，在规定的时间内，能完成多少任务，效率高不高，这些从你的简历中都能看出来。

接下来，举例说说什么是“一致性（Consistency）”。有的人在简历里说自己的优点是主动积极，面试时却表现得很内向消极，这就缺乏一致性了。招聘方没理由相信这样的人。再者，如果要应聘国内市场部门，却在求职意向（Objective）一栏，写着上“to play an active role in the international marketing field（在国际销售领域起积极作用）”，这样也肯定会落选。

最后，是“职位关联性（Relevance）”。比如说，应聘海外营销（Overseas Sales）部门，应在特长一栏填上“语言”和“交际能力”，性格应当是“外向开朗”。但是，很多人迫不及待地想说出自己的想法，展示真实的自我，即便是简历写了满满一整页，都没说到点子上，而且还意识不到自己犯了这样的错误。

简历所要体现的，不是应聘者而是招聘者的立场。也就是说，要站在人事部门的立场上想问题。不能忘记简历的根本目的，只顾着自吹自擂。现在，来看看简历的具体内容吧。

先从自我介绍开始吧。什么是自我介绍呢？简单来说，那是一种形式。

通常有人会认为，美国人崇尚自由，所以不会注重形式。其实这是我们对他们的错误认识和偏见。如果你要应聘超市员工，就用不着准备什么简历了。但是，学历越高，社会地位越高的人，就越注重形式。在我的硕士论文评定表中，对论文陈述的分数占到总分的 5% 呢。

为什么美国政治家要那么苛求完美？一些在韩国不值一提的小失误，都有可能让美国政治人终止他们的政治生涯。在美国，实行的不是义务兵役制，但想要进入政坛，想要当总统的人都到过军队服役。历届美国总统都不例外。总而言之，管理国家要树立一种身先士卒的表率。

但是在韩国，如果兵役不是明文规定的义务，会有几位议员去服兵役呢（韩国历届总统都是军人出身，当然都参过军）。

在我看来，英美人的阶级观念比韩国人、亚洲人更明显。他们有各自的圈子，不希望受到别人的侵犯。我们可能认为那是个人主义。毋庸置疑，那是明智的处世方法。

还有一点，英美人都坚信他们的领导人是统治世界的领袖。他们自豪地认为自己的领袖是本国人中最优秀的 2%。

所以，他们期待自己的领导人非常完美。领导人要有牺牲小我的意识，因为他们代表的是人民的利益。领导人要克己奉公，公民要忠于职守。

我在此要强调的是，如果你应聘的公司规模越大，职位头衔越大，就要写出更完美的简历。这话听起来就好像外国人比我们更保守、更注重形式似的。如果连简历——这种最基本的商务文本——都做不好，那还有谁会录用你呢？

现在，就具体地讲解下面的“简历范本”。

SAMPLE RESUME（简历范本）

Jonathan Hunt（姓名）

- OBJECTIVE（求职意向）

To obtain a professional position with a company where my education and experiences will contribute to the success of the company.

- EDUCATIONAL BACKGROUND（学历）

Seoul University, Seoul, Korea

Bachelor of Science Degree in Business Administration

Degree expected 02/2002 GPA 3.6/4.0

–Academic Achievement Award May 1999, May 2000

–Pinnacle Award 2000

–Member of SGA (Vice President) and YMCA

- WORKING HISTORY（工作经验）

4/2000 current Human Resources dept./Samsung co.

Seoul/Korea

Human resources manager

-Responsible for screening, interview, training and selecting applicants

-Maintain personal records

-Conducted internal surveys

-08/1999-02/2000 KIMS Club Seoul/ Korea

Purchasing clerk

-Evaluated purchasing needs and rescheduled orders to maintain inventory levels.

-Conferred with vendor to obtain product/ service information.

- SKILLS（技能）

MS Access, Excel, PowerPoint

Great interpersonal and strong problem-solving skills

下面，就按照简历范本的顺序，从求职意向（Objective）开始讲解。不用我说，大家也知道求职意向的重要性。短短的一行字，就能看出你给人的第一印象，也能让人事部门对你的简历做出评价，决定要不要继续读下去，要不要进一步了解你。

To obtain a professional position with a company where my education and experiences will contribute to the success of the company.

这段文字有什么问题？我敢说，别说到国外就业了，连进入外资企业都很难。简历上，Jonathan 到底想要应聘什么公司呢？

他是要应聘什么部门，什么职位呢？求职意向必须要包括以下内容：

1. 应聘的公司、部门、职位；
2. 想要从事的领域；
3. 异于他人的技能、资质、资格证；
4. 应聘目的。

下面有一段求职意向，看看它与上文有什么不同。

Entry level position at accounting department in HSBC Bank Korea, to play an active part at the edge of the financial field and where there is an opportunity to use my technical skills and academic credentials and hone team skills, leadership and potentials.

在简历中，像这样恰当地使用与相关部门以及相关领域有关的专业术语也是非常重要的。(可参见附注的专业网站)。

简历范本里的“学历”太韩国化了。换句话说，韩国似乎比较看重学校的牌子。别人看了这样的简历都会问："Seoul University, so what? So you got B. A. or certificate?"

相比之下，美国人更看重“专业”和“学位”，而不是学校的牌子。所以，建议你按照下面例文，调整一下顺序。

Bachelor of Science Degree in Business Administration

Seoul University, Seoul, Korea

Degree expected 02/2002 GPA 3.6/4.0

工作经验亦是如此。范本写的是空泛的工作内容，没有体现个人的经历。简历需具体化。比如，说到“Responsible for screening, interview, training and selecting applicants”，可以详细说说，什么时候，面试了多少名求职者，筛选出了多少名，提供了多长时间的岗前培训等。

英语面试
（Interview）

1. 招聘方想要的不是“英语的外包装”

在劳动力市场上，企业和消费者调换了角色。企业变成了挑剔的“消费者”，而你成了待售的商品。企业可是十分老练的顾客。请记住，“英语是外包装，竞争力是品质”。凭这两点，企业就可以知道你是不是他们想要的人才。

光提到面试，就已经让人感到脑海一片空白，紧张得不知说什么了，更何况是英语面试！到时恐怕就更加不知所措，就像是出故障的收音机一样，由于强迫观念而哆哆嗦嗦“I am…, sorry…, and”，一个人心神未定地走出考场，一脸茫然。只有与众不同的策略性准备和反复的练习，才能使自己脱颖而出，通过面试。

为面试做准备时，不必过度关注口语流畅与否，关键是要让企业相信，你就是他们想要的人才。企业一看你的简历，就能知道面试时你的口语会如何了。没有专门进修过英语的，没有出过国的，说起英语来多少会有点磕巴。

“他们如果只想招一个英语好的，为什么还给我面试的机会呢？”“公司对我有什么期望？”“我可以用英语展示出我的什么优势？”“我要怎么告诉公司我就是他们需要的人才？”针对以上几个方面好好准备。面试的得分点，在于你能用英语表达自己的想法，更关键的是，能妥善应对面试官的提问。

英语面试时，一定要记住下面三点重要的原则：

1. Efficiency: 答案的长度，贴切的措辞；

2. Simplicity: 表达简洁明了；

3. Clarity: 表意准确。

具体来说，就是你想通过英语面试，向企业这样难缠的顾客，展现什么样的自己？

1. **表达能力**：运用经济头脑，将自己包装成适销对路的商品。

2. **业务能力**：能适应、融入企业文化，具备相关领域的知识。

3. **处世能力：**领导能力，集体意识，团队精神。

必须根据招聘单位的企业文化和从事领域的特殊性，选择最适合自己的英语面试战略。现在，多数企业追求平稳发展，而不是投机冒险。所以，求职者要学会适应企业文化，重视团队精神。

英语面试时，面试官可能是外国人，也可能是本国人。有人会担心，外国人来面试自己会不会很难。其实，事实正好相反。他们出的面试题会容易些，回答只要能表达清楚意思就行了。面试官是本国人就不同了。他们除了考查你的表达能力，还会出一些刁钻的题，考验求职者。所以你得反复练习，方可沉着应试。

面试前，必须想想可能会问到的问题，然后按照上面提到的三个原则和“面试官第一”原则，精心地准备答案。

最后，面试结束之前，面试官通常会问你，有没有不清楚的地方，有没有想问的问题。如果你说没有，面试官会觉得你没有热情，对公司没什么关心。所以面试前，一定要针对招聘公司的情况，准备一两个问题为妙。

“Do you have any questions?”

| 一定要问的问题 |

- What significant changes do you foresee in the future?
- What are you looking for in the successful candidate?
- How would you describe your company' s culture?
- Who is your company' s toughest competitor, and why?
- What characteristics does a successful person have at your company?
- What e-commerce plans do you have?
- How is an employee evaluated and promoted?
- What are the company' s plans for the future growth?
- If you were to offer me this job, where could I expect to be in the five years?
- What are the prospects for future growth ?
- What training and development is provided to the employee to help prepare for the future promotion and advancement?

| 绝对不要问的问题 |

- What is the salary range of this position?
- What are the fringe benefits?

- How many sick days may I have?
- How much vacation may I use in a year?
- How many holidays are given?
- Does this position carry an expense account?
- How liberal is the expense policy of this company?
- When can I expect my first raise? How much will it be?
- Will I have to work overtime?
- What is the relocation package?

有必要针对公司的近况，提提问题，向面试官表示你很关注公司。面试结束后，别忘了向面试官致谢。

下面，我们来看看面试时，可能会被问到的问题。

| 开始的 5 分钟会问到的问题 |

- Tell me about yourself!
- What do you know about our company?
- Why do you want to work for us?
- What would you do for us? What can you do for us that someone else can’t?
- What about the job offered do you find the most

attractive? Least attractive?

- Why should we hire you?
- What do you look for in a job ?

| 关于个人情况的问题 |

- Do you generally speak to people before they speak to you?
- What was the last book you read? Movie you saw? Sporting event you attended?
- What is the toughest part of a job for you?
- Are you creative?
- How would you describe your own personality?
- Are you a leader?
- What are your future goals?
- What are your strong points?
- What are your weak points?

| 面试中的常见问题 |

- Have you helped increase sales? Profits? How?
- Have you helped reduce costs? How?

- How much money did you account for?
- How many people did you supervise on your last job?
- Do you like working with figures more than words?
- In your current or last position, what features did you like the most? Least?
- In your current or last position, what are or were your five most significant accomplishments?

| 应聘者是否有做准备，是否能胜任这份工作 |

- Why haven' t you found a new position before now?
- Had you thought of leaving your present position before? If yes, what do you think held you there?
- What do you think of your boss?
- Would you describe a situation in which your work was criticized?
- What other types of jobs or companies are you considering?

2. 英语面试！现在要准备些什么，怎么准备呢？

为面试做准备时，你可以找到很多资料，告诉你面试会问什么问题，怎么准备答案。但是，实际情况没有想象的这样简单。你猜不到面试官会问什么问题，也很难提前准备好答案。但你还是很有必要看看自己准备好的问题答案，问问自己，这么作答可行吗？想一想，要是你是面试官的话，会给这样的求职者打高分吗？

通常进入到面试阶段，面试官向你提出问题后，便会认真地记下一些东西，到底面试官写下的是什么呢？

难道面试官会记下“What is your hobby?”“Swimming”吗？

准备答案之前，先要知道面试官的本子上有些什么。上战场前，要做到知己知彼嘛。

虽然各公司具体的情况会有所不同，但问题的基本套路是差不多的。

面试官提出问题，然后会在相应的评分栏上打分。所以，回答问题时，要好好想想，自己的回答会在哪一栏得分。完全照搬准备好的答案，肯定是拿不到高分的。有时可能会被问到，事先准备答案，会不会太假了！你现在不是在参加研究生面试！招聘方在乎的是，你能不能把自己推销给公司，他们要怎么在你身上投资，你能不能在客户面前树立公司的形象。

01. Efficiency（答案的长度，措辞是否贴切）

1 ------ 2 ------ 3 ------ 4 ------ 5

02. Relevance （求职者与岗位的契合度）

1 ------ 2 ------ 3 ------ 4 ------ 5

03. Consistency（求职者回答的一致性）

1 ------ 2 ------ 3 ------ 4 ------ 5

04. Leadership （领导能力）

1 ------ 2 ------ 3 ------ 4 ------ 5

05. Communication skills（interpersonal skills 交际能力）

1 ------ 2 ------ 3 ------ 4 ------ 5

06. Language fluency（英语的熟练度）

1 ------ 2 ------ 3 ------ 4 ------ 5

07. Impression & appearance（第一印象和仪表仪态）

1 ------ 2 ------ 3 ------ 4 ------ 5

08. Teamwork skill（组织适应能力和部门协作能力）

1 ------ 2 ------ 3 ------ 4 ------ 5

09. Enthusiasm & motivation（工作热情和应聘动机）

1 ------ 2 ------ 3 ------ 4 ------ 5

10. Proactive & information gathering（积极性和信息收集能力）

1 ------ 2 ------ 3 ------ 4 ------ 5

对照上面所说的10个要点，给自己的答案评一下分吧。

比方说，常见问题中有“自我介绍”，看看你的答案是不是符合要求。

| 类似问题 |

- Tell me about yourself.
- Can you tell me a little about yourself?
- How would you describe yourself?
- What can you tell me about yourself?

要求自我介绍的时候，大多数人会说“本人在哪里出生，家庭状况如何，如何在父母的教育下长大成人，在某某大学读某某专业，性格如何如何……”

“My name is Kil-dong hong, and I was born in Seoul, 1980…”

面试官在你的双语简历上就已经看过这些了，还会想再听一遍吗？当然不会了。这样的回答太平淡、太含糊了。这不能算是为了就业、跳槽而准备的自我介绍。别忘了，面试官提出这样最基本的问题，就是为了了解你个人的qualification，即你的个人经历、业务能力、工作效率等。

如果你要准备自我介绍，就找一些简历和自荐信上没写到的内容，争取在两到三分钟内，充分地展示自己。这样，企业这个消费者会不选你吗？

1. 从过去的经历和成功实例开始。

2. 再说说自己的长处和能力。

3. 最后，说说自己现在的情况，做个总结。

首先，针对应聘的岗位，想想所必需的经验、技术、特长等，然后将这三方面的内容添加到自我介绍中。如果再加上一些具体的实例和数据，就更有说服力。然后根据稿子（Script）反复练习，直到自己能够对答如流，且让面试官记住你是一个怎样的人。为跳槽而做面试准备的求职者，他们有着与业务相关的丰富经验，但也有的求职者刚刚毕业，他们最好想想学生时代自己的特长，说说自己与岗位相关的兼职工作（part -time job），再说说参加过的校内外活动，充分体现自己的资质。

3. 英语面试时，切实回答

面试的时候，最常听到这样的问题：“What are your greatest strengths and weaknesses?”“你有什么优缺点？”优点和缺点？嗯……确实是个令人头疼的问题。怎么回答才好呢？首先，讲自己长处的时候，不能说假话。要懂得扬长避短，告诉公司，你的优点可以给公司带来什么。

| 类似的问题 |

- What are your three greatest strengths (weaknesses)?
- What is your greatest strength (weakness)?
- What are your strengths (weaknesses)?
- What are your strong points and how have they helped you to succeed?
- What part of your current job are your most favoured?

看看以下情况。

Interviewer: “What are your greatest strengths and weaknesses?”

Interviewee: “My strength is that I’ m a hard worker.

My weakness is that I get stressed when I miss a deadline because someone else dropped the ball."

→这样的答案太抽象（unimaginative）了。大多数人都会认为自己工作很认真。

Interviewee: "I really can't think of a weakness." "Maybe I could be more focused. My strength is probably my ability to deal with people. I am pretty easygoing. I usually don't get upset easily."

→说自己没有缺点，就是个失败的答案。如果用"maybe"这样的词汇，会让人觉得你没有自信，不值得信赖。所以，绝对不能用含糊、让人难以信服的词汇，比如："maybe" "probably" "pretty" "usually"等。

当被问到长处（strengths）和短处（weaknesses）时，最好进行简单明了的回答。下面就是一个很好的例子：

Interviewer: "What are your greatest strengths and weaknesses?"

Successful Answer: "My strength is my flexibility to handle change. As customer service manager at last job, I was able to turn around a negative working environment and develop a very supportive team. As far as weaknesses, I feel that my management skills could be stronger, and I am constantly working to improve them."

现在，让我来告诉大家，怎么准备这样的答案吧。首先，看看自己的优点怎么说。请按照下面的分类，想想自己的优点，同时还可以针对应聘单位的人才结构和岗位特点，添加一些实用的分类。

1. 基本技能：computer skills, languages, degrees, training and technical ability.

2. 交际能力与工作经历：communication and people skills, problem analyzing and solving,planning skills.

3. 个性与特长：dependable, flexible, friendly, hard working, expressive, formal, punctual and being a team player.

在面试官可接受的范围内，尽可能地将自己的短处最小化，讲讲过去克服了的缺点，再提提一些的长处。如果问到你的缺点，不能只说自己的不是，或者鲁莽地说“我没有缺点”，否则会让人觉得你太自大，没有自我分析的能力。要拿出有说服力的例子，说说自己怎么克服了缺点，付出了什么样的努力，使它转变成了自己的长处。我们来看看下面的例子：

Interviewer: “What is your weaknesses?”

Interviewee: Well, whenever I get too tired of work, I just cannot go to work. So, I call them and say I cannot work for the day. Then I get some rest at home or take a short trip. After then, I go to work and kill some times.

Interviewee: I sleep too much that I almost over sleep everyday and may be late for work.

→尽管不想这样说，但像这样过度暴露自己的缺点，即使其他的条件再好，也会被淘汰。

优秀的答案如下。

Interviewer: “What are your weaknesses?”

Successful Answer: Being a fresh graduate, I have little work experiences in my field. Probably that is my biggest weakness. However, I' m a quick learner and my experiences as president of the student union, which required budgeting and organizing events throughout the year, some of them quite elaborate, can be applied to the job situation. I' m confident that I can be a valuable member of your operations team.

4. 英语面试问答实战篇

• Tell me about yourself

> I am majoring in Journalism at Hankook University.
>
> I was a member of a debate club for three years. I learned to think logically through the club.
>
> I' ve had several part-time jobs, but last year I participated in an internship program at a newspaper company for one year. So I am already familiar with working at a big organization.
>
> I am very sociable. I enjoy meeting new people. I am also ambitious and self-motivated. I find pleasure in achieving my goals.

| 基础篇 |

1. 我在某某大学主修某某专业。

I am majoring in… at … University.

2. 我是某某协会的一员。

I was a member of (协会).

3. 我通过（协会 / 项目）学到了……

I learned … through (协会 / 项目).

4. 我参加了……

I participated in …

5. 我是一个……的人。

I am (形容词).

| 应用篇 |

1. 我在韩国大学主修新闻专业。

I am majoring in Journalism at Hankook University.

2. 我参加了辩论协会。

I was a member of a debate club.

3. 我通过协会活动锻炼了逻辑思维。

I learned to think logically through the club.

4. 我在一家报社实习了一年。

I participated in an internship program at a newspaper company for one year.

5. 我的交际能力很强。

I am very sociable.

我志向远大，积极主动。

I am also ambitious and self-motivated.

• Why do you want to work for us?

Based on the research I' ve done, I am convinced that "there would be no better place to work to than… (公司名称)." You provide your employees with "the tools they need to stay competitive and sharpen their skills." I was impressed with "future projects you have in plan." And, I was also impressed with "the current financial statements." This is the company I' ve been looking for, a place where my background, experiences and skills can be put to use and make things happen. It will be my honor to be part of your company.

| 基础篇 |

1. 我坚信……

I am convinced that…

2. 贵公司的……给我留下了深刻的印象。

I was impressed with…

我对……的印象也很深。

I was also impressed with…

3. 我了解到贵公司为员工提供……

You provide your employees with…

| 应用篇 |

1. 我相信没有比贵公司更好的单位了。

I am convinced that there would be no better place to work than (公司名称).

我相信贵公司将会在不久的将来成为……行业的领跑者。

I am convinced that this company will soon be the frontrunner of the (行业) industry.

2. 贵公司的工作环境给我留下了深刻的印象。

I was impressed with a great working environment.

贵公司的财务报表给我留下了深刻的印象。

I was impressed with the current financial statements.

3. 我了解到，贵公司开展各种培训，以提高员工们的技能与竞争力。

You provide your employees with the tools they need to stay competitive and sharpen their skills.

基本词汇：

- brand image: 品牌形象
- company philosophy: 公司理念
- company's social reputation: 公司的社会声誉
- compensation: 补偿，报酬
- great benefits: 高福利
- opportunities to work abroad: 出国工作的机会

必背要点！

· Based on the research I've done: 据我调查得知……

· It will be my honor to be part of your company: 如果能成为公司的一员，我将倍感荣幸。

· This is the company I've been looking for: 贵公司正是我期望的工作单位。

● What are your hobbies?

"Swimming is one of my hobbies. I'm a member of a swimming club with over 2000 members. We get together at least twice a week. It's a great way to meet new friends."

"I enjoy reading. Two years ago, I started a small book club with my friends. We usually choose two books a month. So everyone reads the some book. And then, we meet and discuss about the book once every two weeks."

| 基础篇 |

1. ……是我的爱好之一。

…is one of my hobbies.

2. 我喜欢……

I enjoy…

3. 我在……协会担任……职务。

I am a … (职务) of a … (协会).

4. 我创办（建立）了一个……协会。

I started a … (协会).

5. 我们聚了……次。

We get together (次数).

We meet (次数).

| 应用篇 |

1. 游泳是我的爱好之一。

Swimming is one of my hobbies.

2. 我喜欢读书。

I enjoy reading.

兴趣爱好

hiking 登山 / photography 摄影 / cooking 烹饪

dancing 跳舞 / painting 绘画 / traveling 旅行

fishing 垂钓 / playing chess 象棋 / collecting stamps 集邮

3. 我是游泳俱乐部的会员。

I am a member of a swimming club.

4. 我成立了一个小型读书会。

I started a small book club.

5. 我们一周至少聚两次。

We get together at least twice a week.

我们两周见一次面。

We meet once every two weeks.

必背短句！

- At least: 至少，最少
- It's a great way to make new friends: 这是个交朋友的好方法。
- Once a week: 一周一次
- Three times a year: 一年三次
- Twice a month: 每月两次

- Why should we hire you?

That is a great question. There are several reasons why I feel that I'm highly qualified for this opportunity. First, I'm very interested in both the position and your company. Second, my people skills and internship training will allow me to start contributing right away. Third, I have other talents and abilities, which include good knowledge of PR and a strong academic background. I think my leadership awards from my college, and my management position at work are the result of possessing the qualities you're looking for in an employee. I believe I'd be a valuable asset to the company.

丨基本篇丨

1. 有几个原因致使……

There are several reasons why…

2. 第一……第二……

First… second…

3. 我应聘这个岗位，是因为……

I applied for this position because…

丨应用篇丨

1. 有几个原因，使我觉得我可以胜任这个岗位。

There are several reasons why I feel that I' m highly qualified for this opportunity.

有几个原因，使我相信我是最适合的人选。

There are several reasons why I sincerely believe that I' m the fittable person for the job.

2. 我非常关注贵公司和该岗位。

I' m very interested in both the position and your company.

3. 我有该岗位所需的技能与热情。

I' ve got the skills and enthusiasm.

4. 我的交际能力与实习经历，让我可以立即为公司服务。

My people skills and internship training will allow me to start contributing right away.

5. 我优异的成绩毕业。

I have a strong academic background.

必背要点!

• I believe I'd be a valuable asset to the company: 我一定会成为公司的宝贵资源。

• I sincerely believe that I'm the best person for the job: 我相信我是这个职位的最佳人选。

• That's a great question: 谢谢你的问题。

• It will allow me to start contribution right away: 这将会使我能为公司做出贡献。

● What other types of jobs or companies are you considering?

Since I am interested in the field of automobile industry, I have applied to a couple of companies in automobile industry for a marketing position. They are A and B. I've already had an interview with A company. Now, I'm waiting for the result.

| 基础篇 |

1. 由于我很关心……（行业，领域）

Since I am interested in the field of（行业）.

Since I am interested in …（行业，业务，部门）.

2. 我到过……公司应聘。

I have applied to…（公司）.

| 应用篇 |

1. 由于我很关心汽车产业。

Since I am interested in the field of automobile,

> 行业
>
> food industry 餐饮业 / tourist industry 旅游业
>
> broadcast industry 广播 / computer industry 计算机产业
>
> healthcare industry 医疗保健行业 / software industry 软件行业
>
> textile industry 纺织业 / financial industry 金融业
>
> 业务，部门
>
> Marketing 市场营销 / sales 销售 / public relations 公关
>
> researching and development 研发

2. 我给其他公司投过简历（可以直接说出公司名称，也可以用数字一语带过）。

I have applied to another company（另外一家公司）.

I have applied to three companies（另外三家公司）.

I have applied for a marketing position at A company（在A公司的市场营销部）.

必背要点!

· I'm waiting for the result：我在等待面试结果。

· I've already had an interview with one company：有一家公司已经面试了我。

● Are you a leader?

As you can see from my resume, I was the president of a travel club in my university. Our travel club had more than 50 members. We traveled different parts of the country once a month. Currently I am the vice president of an alumni association. I am in charge of planning a regular meeting.

I am not an official leader, but as you know, an opinion leader is just as important. When I have gathering with my friends, it is always difficult to decide what to do and where to go. First, I let them speak and I listen to them. I gather all ideas and then try to reach a conclusion. Since I am a good listener, my friends leave a final decision to me.

| 基础篇 |

1. 我曾担任……（职务）

I was…（职务）.

2. 我现在是……（职务）

I am…（职务）.

3. 我负责……（业务）

I am in charge of …（业务）.

4. 虽然我不是正式的领导者，但是……

I am not an official leader, but …

| 应用篇 |

1. 大学时，我当过旅行协会的会长。

I was the president of a travel club in my university.

vice president 副会长 / secretary 秘书 / a representative 代表 student body president 学生会主席 / class president 班长

2. 我是我们学校校友会的副主席。

I am the vice president of an Alumni Association of my university…

3. 我负责举办例会。

I am in charge of planning a regular meeting.

4. 虽然我不是正式的领导者，但我是名义上的领导者。

I am not an official leader, but I am an opinion leader.

I am a good listener.（我是个好听众。）

必背要点！

- As you can see from my resume: 正如简历上所写
- Currently: 现在

● What is your short term goal (long term goal)?

In the long term, I hope to find myself as a marketing director in an international cosmetic company. I'll work toward this goal by focusing on the opportunities provided by emerging markets, like China, so I can gain real world experiences. For a couple of years now, I've been studying Chinese and the particulars of the cosmetics industry. I face each challenge as it comes and I am always willing to work hard in a team.

I sincerely believe that I will become a very good financial consultant. I believe that my abilities will allow me to excel to even a higher position. My ultimate goal is to be the best at whatever level I am working at…（公司名称）.

Ten years from now I'll see myself as a successful lawyer for a world–class firm like yours.

I'd like to make the company hired me wonder what it ever did without me.

| 基础篇 |

1. 希望我能成为……（职位）

I hope to find myself as…（职位）.

I sincerely believe that I will become…（职位）.

Ten years from now I' ll see myself as…（职位）.

2. 为了实现我的目标，我会……

I' ll work toward this goal by…

3. 我一直在研究……

I' ve been studying…

| 应用篇 |

1. 我希望自己能当上国际化妆品公司的市场部主管。

I hope to find myself as team leader in an international cosmetic company.

我相信我会成为有名的金融顾问。

I am sure that I will become a very good financial consultant.

十年后，我要在像贵公司一样的国际公司里，做一名成功的律师。

Ten years from now , I' ll see myself as a successful lawyer for a world-class firm like yours.

2. 为了实现我的目标，我将关注像中国这样的新兴市场。

I' ll work toward this goal by focusing on the opportunities provided by emerging markets, like China.

3. 我一直在学习中文，研究化妆品业的特性。

I' ve been studying Chinese and the particulars of the cosmetics industry.

必背短语!

• For a couple of years now: 两年来。

• I am always willing to working hard in a team: 我一直喜欢团队协作。

• I believe that my abilities will allow me to excel to even a higher position: 我相信，我的能力还可以再上一层楼。

• I face each challenge as it comes: 我敢于面对挑战。

• I'd like to make the company hired me wonder what it ever did without me: 我会向公司证明我是正需要的人才。

• In the long run: 从长期来看。

• My ultimate goal is to be the best at whatever level I am working at "this company": 我的终极目标是，在"这个公司"里工作，在我的岗位上成长为一名优秀的人才。

• Ten years from now: 十年以后。

- How do you handle stress?

I enjoy working in a challenging environment. So I handle stress very well. I've learned to react to situations, rather than to stress. Prioritizing responsibilities helps a lot, because it gives me a clear idea of what needs to be done. I go to a gym three days a week. Exercise is also a great stress reducer.

I'm not the type of person that becomes stressed very easily. However, if in an extreme circumstance I did start to become stressed, I would look to the cause of it and attempt to identify a solution. I would certainly not be afraid to look to others for their input and assistance. In a working environment I think stress comes around from pressurized situations. In such cases the best solution is often one of situation management until the crisis abates.

| 基础篇 |

1. 我学会了……

I have learned to…

2. 我会去……

I go to…

3. ……也有助于缓解压力。

…is also a great stress reducer.

1. 我学会了积极应对，而不是焦虑。

I' ve learned to react to situations, rather than to stress.

2. 我会去健身房。

I go to a gym.

3. 运动也有助于缓解压力。

Exercise is also a great stress reducer.

必背短语！

· I enjoy working in a challenging environment: 我喜欢有挑战性的工作。

· I handle stress very well: 我会很好地缓解压力。

· Prioritizing responsibilities helps a lot: 分清主次，统筹安排，帮了我大忙。

- Why did you choose your major

As you will note on my resume, my major was English Literature. I've always enjoyed reading, and English was one of my favorite subjects in high school. So I decided to major in English Literature. I had to read many books in my study, and I learned a lot from those books. I've always tried to keep a practical view of how I could apply the knowledge I gained to my life. I have taken many writing classes also, and it helped me gain writing skills.

| 基础篇 |

1. 我的专业是……

My major was… (专业)

2. 我一直很钟爱……

I’ ve always enjoyed…

3. ……（科目）是我最喜欢的科目之一。

…（科目）was one of my favorite subjects.

4. 所以，我选择了……（专业）

So I decided to…（科目）.

5. 我还选修了……

I’ ve taken…also.

| 应用篇 |

1. 我的专业是英国文学。

My major was English Literature.

2. 我一直很热衷于阅读。

I’ ve always enjoyed reading.

3. 英语是我最喜欢的科目之一。

English was one of my favorite subjects.

4. 所以我选择了英国文学专业。

So I decided to major in English Literature...

5. 我还修了写作课程。

I’ve taken many writing classes also.

必背要点!

· As you will note on my resume: 正如您在我简历上看到的。

· I've always tried to keep a practical view: 我一直寻求实用的方法。

- What is expected salary?

"I understand that the salary range for this position is between …(数字) and … (数字). That seems appropriate."

"Based on the information I have (about the position), a salary in the range of (数字) to (数字) would reflect my experience and expertise. This company being the market leader, (或者 as you are the global leader in this market) I expect about (数字)."

——适用于资深人士

"I applied for this position because I am very interested in the job and your company. I know I can make an immediate impact once on the job, but I'd like to discuss the salary when you are sure I'm right person for the job."

——适用于职场新人、资深人士

| 基础篇 |

1. 我了解到……

I understand that…

2. 据我对这份工作的了解……

Based on the information I have about the position…

3. 我应聘这个职位的原因是……

I applied for this position because…

| 应用篇 |

1. 我了解到这份工作的年薪在……到……之间。

I understand that the salary range for this position is between … and …

I understand that the salary range for this position is from … to …

I understand that the salary range for this position is around …

2. 我认为，以我的经历与能力，薪水在……到……之间比较合适。

Based on the information I have (about the position), a salary in the range of … to … would reflect my experience and expertise.

3. 来应聘这个职位，是因为我对贵公司和这份工作很感兴趣。

I applied for this position because I am very interested in the job and your company.

钱数的读法

韩语和英语中的数字读法不一样，所以不能按部就班地念。千以下的数字读法相似，万以上就不同了。

例：万 10 thousand / 十万 100 thousand / 百万 1 million

千万 10 million / 亿 100 million / 十亿 1 billion

必背要点！

- …would reflect my experience and expertise: ……能体现出我的资历和能力。
- As you are the global leader in this market: 因为贵公司是行业龙头企业，……
- I'd like to discuss the salary when you are sure I' m right person for the job: 如果你们确定我是合适的人选，我想与您讨论一下工资问题。
- I can make an immediate impact once on the job: 我会（在）短期内做出成绩。
- That seems appreciate: ……似乎比较合适。
- This company being the market leader: 由于贵公司是市场领跑者……

出国求职必看网站

| 韩国网站 |

Ivysa：www.ivysa.com——提供国外机场乘务人员招聘信息。

Emirate 机场：www.emiratesgroupcareers.com/english ——可以查询国外 Emirate 机场招聘日程。

Worldjob：www.worldjob.or.kr ——韩国产业人力公团的境外网站。可以查询美国、加拿大、澳大利亚、日本、中国的招聘时间。

Intern21：www.intern21.org——国外实习、短期就业指南。

Jobkoreausa USA：www.jobkoreausa.com——Jobkorea（适合韩国人的）所属的美国就业网站。

Jobnet：www.iaejob.net——提供国外实习、就业信息。

Jobs：jobs.com——国际求职英文网站。

Kotra：www.kotra.or.kr——由韩国贸易协会运营，为年轻人提供国外实习信息。

People & job：www.peoplenjob.com——外国企业应聘专业网站。

Hosko：www.hospotalitykorea.com——国外酒店实习就业专业网站。

ICEA：www.iceakorea.com——提供国外实习信息。

Idealist：http://www.idealist.org——提供各国实习和海外就业信息。

图书在版编目（CIP）数据

痛一次，选择一次 /（韩）刘树燃著；黄永哲，孙剑宗译. -- 北京：中国妇女出版社，2014.1

ISBN 978-7-5127-0821-1

Ⅰ. ①痛… Ⅱ. ①刘… ②黄… ③孙… Ⅲ. ①刘树燃—自传 Ⅳ. ①K831.265.46

中国版本图书馆CIP数据核字(2013)第307094号

著作权合同登记号01-2014-0172

23살의 선택 , 보이지 않는 곳에서 길을 찾다

Original Korean edition published by Wisdomhouse Publishing Co., Ltd

Simplified Chinese language edition rights arranged with Wisdomhouse Publishing Co., Ltd

through Beijing GW Culture Communications Co., Ltd.

痛一次，选择一次

作　　者：〔韩〕刘树燃 著　黄永哲　孙剑宗 译
责任编辑：李　里
封面设计：古涧文化
出版发行：中国妇女出版社
地　　址：北京东城区史家胡同甲24号　　邮政编码：100010
电　　话：（010）65133160（发行部）　　65133161（邮购）
网　　址：www.womenbooks.com.cn
经　　销：各地新华书店
印　　刷：北京盛兰兄弟印刷装订有限公司
开　　本：880毫米 × 1230毫米　1/32
印　　张：7.25
字　　数：100千字
版　　次：2014年3月第1版
印　　次：2014年3月第1次
书　　号：ISBN 978-7-5127-0821-1
定　　价：29.80元